DE LA

CONSCIENCE

EN

MATIÈRE D'ÉLECTIONS.

PARIS, IMPRIMERIE DE CH. BEZAUCHE,
RUE DU FAUBOURG MONTMARTRE, N. 11.

DE LA
CONSCIENCE
EN
MATIÈRE D'ÉLECTIONS,

OU CHARTE DE L'ÉLIGIBLE

ET DU DÉPUTÉ,

PAR LE COMTE ESCOBARD DE***,

PAIR DE FRANCE, EX-DÉPUTÉ.

Ouvrage prohibé pour tous les citoyens qui paient
moins de mille francs d'impositions.

DEUXIÈME ÉDITION.

Paris.

JULES LEFEBVRE ET COMPAGNIE,
RUE DES GRANDS-AUGUSTINS, N° 13.

1830.

ÉCLAIRCISSEMENS

HISTORIQUES

SUR CETTE SECONDE EDITION.

J'ai un ami qui est doué d'une vertu bien malheureuse : son esprit est un acide corrosif qui dévore les plus belles couleurs : ses yeux percent les écorces les plus dures. A l'Opéra, il voit, à travers la toile du fond, les cordes et les roues du machiniste; aux Tuileries, en présence du trône recouvert de riches tentures d'or et de pourpre, il me parlera de je ne sais quelles planches de chêne, grossièrement clouées les unes aux autres, et qui sont le vilain corps qu'on a revêtu d'un si brillant habit.

Avec lui, pas d'illusions possibles. Que je construise à grands frais les plus beaux châteaux aériens; que je parvienne à comprendre le doux langage de la brise du soir, ou les accens sauvages du vent d'automne; que j'apperçoive dans mon violon une jeune fille de l'air qu'*Amati* y a renfermée, et dont la voix sonore s'échappe à travers les deux étroites ouïes :

mon ami n'a qu'à sourire, et tout disparaît.

O vous, digne lecteur, qui serrez la main d'un collègue, ou qui recevez les offres de service d'un grand seigneur, ou qui faites des projets pour une autre saison de la vie, ou qui regardez avec complaisance votre jeune et chaste épouse... Oh! craignez le sourire de mon ami!

Le mois passé, quelques jours après la convocation des colléges électoraux, je me trouvais dans une nombreuse société composée d'ex-députés, de journalistes, et autres politiques de profession. On y parlait des élections futures; et c'était à qui appellerait de ses vœux e retour de la chambre de 1827.

« — Qui pourra mieux renverser le ministère Polignac ? »

« — Qui ramènera plus rapidement la paix, le crédit et la confiance ? »

« — Nulle autre ! Nulle autre ! » S'écriait le chœur, avec les plus beaux accords de l'harmonie.

« — On y faisait des discours si éloquens, des professions de foi si patriotiques ! Les ministres nous promettaient de si belles institutions pour l'avenir... »

Un ricanement singulier retentit soudain et très-distinctement à mon oreille : je levais les yeux, et j'aperçus, au milieu du cercle, mon ami, dont le sourire amer me glaça plus que de coutume, car je craignais que son interruption incivile n'amenât des explications désagréables. Il n'en fut rien : On était si peu habitué à le voir en semblable compagnie, qu'on n'avait pas fait attention à son arrivée, et que personne même ne remarqua sa présence pendant tout le reste de la soirée.

Il me laissa revenir seul chez moi; je me couchai sans penser à lui; et je me balançais déjà sur un beau nuage bleu et rose, lorsqu'une main froide me touche et, du haut des cieux, me précipite dans mon lit..

— « Avez-vous dit ce soir assez de bêtises....? » s'écria au même instant une voix dure et sèche.

— « Il valait bien la peine de troubler mon sommeil pour me faire un tel compliment ! »

— « Allons, allons, voilà de vos accueils ordinaires. Toutes les fois que je vous fais ressouvenir que vous vivez dans ce bas monde, vous vous fâchez contre moi, comme si j'étais cause que vos rêves ne sont pas des réalités. »

— « Hé bien, que me voulez-vous à pareille heure? vous passez souvent des semaines entières sans me visiter, et puis quand une lubie vous prend.... »

— « Pas de disgressions, je les déteste. — Vous avez déraisonné à merveille toute la soirée. Un monsieur de la compagnie a regretté que les citoyens n'ait pu encore acquérir l'expérience nécessaire pour résoudre, à l'instant, toutes les difficultés du gouvernement représentatif; c'était bien à tort : Comment profiterez-vous des leçons d'un passé lointain, lorsque celles de la veille sont perdues pour vous.

— « (*En baillant*) Que voulez-vous dire ?

— « Qu'a fait la Chambre de 1827?

— « Elle a renversé le ministère Villèle.

— « Et puis?

— « Elle a voté une loi des élections passable.

— « Et puis ?

— « Elle a voté une loi de la presse.....

— « Avec laquelle on a traduit en jugement et condamné presque tous les écrivains politiques de France.

« Eh ! répondez-moi plutôt qu'il n'y a pour vous qu'une question essentielle, celle des noms.

« Si un homme a été assez hypocrite pour servir tous les ministères sans se compromettre ; pour voter en secret les lois inconstitutionnelles, sans les approuver hautement ; vous le croyez aussitôt digne du portefeuille et de la confiance de la nation. Si vous trouvez d'autres hommes qui aiment le bien, sans avoir le courage de le faire; qui détestent les abus, sans oser les détruire; qui repoussent certaines personnes, mais seulement pour prendre leurs places : Oh! lés excellens députés que vous en ferez !—« Ceux-là, dites-vous, seront modérés, ennemis des révolutions et des secousses violentes; ils provoqueront des mesures sages et prudentes; ils n'effrayeront pas le monarque, ils serviront le peuple... »

« Vous souvenez-vous du petit manuscrit que je vous priai, l'année dernière, de livrer à l'impression ? »

— « Oui, la Charte de l'Éligible et du Député. J'ai toujours soupçonné que vous en étiez l'auteur. »

— « De quoi vous inquiétez-vous ? que cet ouvrage ait été écrit sérieusement par un pair de France, ou que ce ne soit qu'une ironie continuée de ma façon, il n'en est pas moins vrai qu'il contient l'histoire fidelle des deux sessions de 1828 et 1829 ; que les électeurs pourront y lire les destinées futures de leurs suffrages, d'après un certain axiome de philosophie qu'ils oublient trop souvent : *Eadem causa eumdem producit effectum ;* et que sa réimpression dans les circonstances actuelles pourra être de quelque utilité.

— « Vous savez tous les ennuis

que m'a fait essuyer la première édition de cette *Charte ?* C'étaient chaque jour de nouvelles réclamations et de nouveaux reproches. L'un nous écrivait que, d'après le titre de l'ouvrage, il s'était attendu à une savante compilation de tout ce que les lois, ordonnances, décrets, arrêts, jugemens, sentences, etc., depuis Pharamond jusqu'à Charles X, renferment de plus substantiel et de plus intéressant : d'autres avaient cru acheter un recueil de ces phrases philantropiques et constitutionnelles, qui, depuis quinze années, font vivre tant d'honnêtes gens : plusieurs avaient voulu se procurer une théorie neuve et transcendante de la liberté, où son excellence aurait été prouvée par quantité de considérations métaphysiques, abstruses et inusitées : enfin, tout le monde se plaignait d'avoir été trompé par votre titre ; ce qui prouve incontestablement qu'il est mauvais. »

— « Changez-le, mettez : DE LA CONSCIENCE EN MATIÈRE D'ÉLECTIONS, etc., cela sera mieux compris, peut-être.

— « Fort bien ; mais vous vous souvenez aussi que ceux qui avaient parfaitement saisi votre but, et qui voulaient mettre vos préceptes en pratique, c'est-à-dire, grand nombre d'éligibles et de députés, nous ont adressé le grave reproche d'avoir laissé vendre au premier venu un traité secret par sa nature, et qui n'était destiné qu'à eux seuls. »

— « Ajoutez sur la première page : *Ouvrage prohibé pour tous les citoyens qui payent moins de mille francs d'imposition.*

— « Vous avez raison, les lecteurs français ont trop de délicatesse naturelle pour transgresser cette défense. »

. . . .

Juste ciel, qu'elle tempête effroyable! — Nous étions sur une mer houleuse, dont les flots irrités venaient se briser avec fracas contre notre navire. Un vent impétueux déchirait les voiles, et nous poussait avec violence vers des écueils terribles et des rocs menacans. La douleur arrachait de longs cris plaintifs aux vergues qui se courbaient. On avait fermé les sabords; tout l'équipage, monté sur le tillac, cherchait par des manœuvres habiles et des efforts bien concertés à lutter contre le danger. — Au milieu de l'activité générale, un homme demeurait paisible, adossé à l'Artimon, les bras nonchalamment croisés sur la poitrine, et sifflant un vieil air de la Fronde.

— « Perdez-vous la cervelle, mon ami? Rester aussi indifférent à la vue d'un si grand péril! »

Pas de réponse; j'ignore même s'il s'apperçut de ma présence.
— Il avait peut-être raison de ne pas s'effrayer; car, bientôt

après, à l'approche de la nuit, le gros vent tomba subitement; les vergues se redressèrent ; et le vaisseau, accablé de lassitude, s'endormit silencieusement sur les eaux tranquilles. Aussitôt l'équipage courut, avec sécurité, chercher le repos et l'oubli des dangers dans les hamacs immobiles.

— Hé! hé! éveillez-vous, éveillez-vous. — Voici le véritable moment du péril. — Les mâts ne gémissent plus; le navire n'est plus tourmenté; mais sa proue n'a pas changé de direction ; et un souffle tiède et parfumé le conduit insensiblement sur les mêmes rescifs. — Hé! hé! éveillez-vous, éveillez-vous. »

— « Que voulez-vous donc, ennuyeux ami ? » dis-je en me frottant les yeux.

— « J'ai pris la liberté de vous éveiller, parce qu'il est neuf heures, qu'un trop long sommeil est nuisible à la santé, que votre café au lait refroidit, et que vous devez, ce matin, porter à l'imprimerie, la seconde édition de la *Charte de l'Éligible et du Député.*

ÉDOUARD RASTOIN.

Préface

QU'ON DOIT LIRE.

—⋈—

Plusieurs personnes ont l'habitude de sauter hardiment sur une préface, sans réfléchir au temps précieux que l'auteur a mis à l'écrire, à la peine qu'elle a donnée aux compositeurs, correcteurs et pressiers, et surtout aux dépenses qu'elle a coûtées au libraire pour ses frais de papier et d'impression. Dans un siècle éclairé comme le nôtre, où tout le monde connaît le prix de l'argent et apprécie les choses d'après ce qu'elles valent, cette courte observation suffira sans doute pour engager mes lecteurs à parcourir dorénavant avec scrupule tous les avant-propos, préfaces, avertissemens et discours préliminaires, quelque longs et peu amusans qu'ils soient. Ces puissantes raisons ne sont pas les seules pourtant qui m'aient fait désirer que l'on jetât les yeux sur ces premières pages, car il m'importe, comme on va le voir, que l'on ne se trompe ni sur le but de cet ouvrage, ni sur les personnes à qui je le destine.

En lisant le titre de *Charte de l'Éligible et du Député*, quelques uns penseront que j'ai voulu recueillir, à la manière des jurisconsultes, les lois, ordonnances et arrêts qu'il est nécessaire qu'un éligible et un député connaissent, soit pour éviter les difficultés que présenterait leur nomination, soit pour exercer convenablement les droits et fonctions qui leur sont dévolus. C'est une erreur; et je me serais bien gardé de publier un livre aussi inutile. Les éligibles ne sont destinés qu'à devenir députés; et si les députés sont obligés de voter des lois, il n'est pas indispensable qu'ils les connaissent. Mais il est essentiel que tous sachent les moyens de parvenir au but de leur ambition, et, une fois arrivés, de s'y maintenir avec habileté et prudence.

La chambre des députés fait,

soutient et renverse les ministres; elle vote toutes les années les lois qui leur plaisent, le budget qui les enrichit; et les ministres, par reconnaissance, n'épargnent rien à leur tour pour satisfaire les membres de cette respectable assemblée. La route du Palais-Bourbon est celle qui conduit aux honneurs, aux dignités, et, ce qui peut-être veut dire la même chose, à la fortune. Aussi tout le monde se presse à l'entrée de la carrière, impatient de pénétrer dans ce séjour d'abondance, où les milliards ne pèsent pas plus qu'une petite boule blanche, et où l'on gagne des fêtes, des cordons, des emplois, en s'asseyant ou en se levant selon la circonstance.

Mais si beaucoup de personnes demandent l'entrée du temple, il en est peu qui sachent l'obtenir. Semblables à ces jeunes hommes nés sur les bords de l'Océan, et qui brûlent de voguer sur les plaines humides qu'ils ont admirées depuis leur enfance, la plupart de nos éligibles se confient sans boussole sur une mer orageuse, qui bientôt engloutit leurs frêles navires ou les rejette sur le rivage. Moi, vieux matelot arrivé au port, j'ai eu pitié de leur inexpérience, et j'ai voulu que mes longs voyages, qui n'ont pas été sans fruit pour moi, servissent aussi à ceux qui veulent les recommencer à ma place. Indiquer le but que je me suis proposé moi-même, la voie que j'ai suivie, et les écueils que j'ai évités, tel est le plan de cet opuscule. C'est le fruit de quinze années de réflexions, de travaux; et la preuve qu'ils n'ont pas été inutiles, c'est qu'au lieu de me mêler encore aux jouteurs qui se disputent les dernières couronnes, j'encourage impunément leurs efforts, et demeure spectateur paisible du combat.

Il me reste à rendre compte de la manière dont j'ai donné mes préceptes; car on me demandera peut-être pourquoi j'ai divisé mon ouvrage en titres, chapitres et articles, comme un véritable code. Je répondrai d'abord : C'est un effet de l'habitude que j'ai contractée depuis la restauration, de faire des lois; et ensuite, puisque je m'adresse à des personnes qui veulent aussi en voter, il est bon qu'elles se fassent de bonne heure à cette forme de phrases impératives, détachées les unes des autres, et précédées d'un numéro d'ordre. Cette habitude de mettre ainsi des chiffres en tête de chaque disposition législative a l'avantage, dans les Chambres, d'épargner un temps précieux, et d'éviter les remords de bien des consciences timorées. *Je vais mettre aux voix l'article* 2, dit le président, *ensuite l'article* 3, *l'article* 4; en moins de cinq minutes, on va jusqu'à dix, et l'on est tout étonné alors d'avoir voté un budget entier. Tel qui se lève gaîment pour l'article 4 resterait assis pour une centaine de millions.

Afin que rien d'utile ne manquât à ce cours complet d'éducation, j'ai enrichi chaque section et chapitre, d'épigraphes tirées des meilleures sources. La plus grande partie se compose de passages saillans de l'ancien ou du nouveau Testament, et le reste est extrait des moralistes et des jurisconsultes romains les plus distingués. C'est ainsi que j'ai voulu former en même temps l'esprit et le cœur, et orner la mémoire de salutaires maximes.

On conçoit à présent que ce livre ne doit pas être ouvert par toutes personnes, et qu'il serait dangereux surtout qu'il pût tomber dans les mains de messieurs les journalistes. Mon intention formelle est qu'il ne soit lu que par ceux à qui je l'ai destiné, et je compte assez sur la délicatesse du public, pour être persuadé que chacun s'empressera de fermer cet ouvrage, dès qu'il ne se reconnaîtra point les titres que j'exige de mes lecteurs.

Afin d'être mieux assuré que ma volonté sera exécutée, j'ai enjoint à mon libraire de donner gratuitement cette *Charte* à tous ceux qui lui justifieront qu'ils sont âgés de 40 ans et qu'ils paient mille francs d'impositions directes. On éloignera les autres curieux en leur demandant la somme d'argent que nous jugerons le plus propre à les effrayer.

Si malgré des précautions aussi sages, notre livre était ouvert par quelques profanes, je crois que l'inconvénient serait encore moins grand qu'on ne pourrait le craindre. Depuis quinze années, MM. les électeurs, contribuables, etc., ont fait preuve d'une confiance si robuste en la bonne foi de leurs mandataires, et d'une crédulité si religieuse en leurs promesses, que je ne présume pas que cet écrit fût capable de dissiper leur bienheureuse illusion. Loin de là, leur aveuglement ne ferait que s'accroître, et comme le Pharisien de la parabole, chacun d'eux s'écrierait avec orgueil : Mon Dieu, je vous remercie de nous avoir donné des députés qui ne veillent que sur les intérêts de la France, qui ne veulent que notre bien-être, et qui sont si loin de marcher dans les voies tracées par la *Charte de l'Éligible.*

Livre Premier.

Multi sunt vocati, pauci verò electi
(*Epist. B Pauli.*)
Beaucoup sont appelés, mais peu sont élus.

L'ÉLIGIBLE.

CHAPITRE PREMIER.

NOTIONS PRÉLIMINAIRES.

> Fortune, dont la main couronne...
> (J.-B. Rousseau.)

ARTICLE PREMIER.

Un éligible est un homme âgé de quarante ans au moins, et qui justifie d'une contribution directe de mille francs (*Article* 38 *de la Charte*).

Comme l'âge de quarante ans est, d'après l'opinion générale, celui de l'ambition et de l'amour des richesses, le législateur a pensé sagement que personne ne voudrait se mettre sur les rangs de la députation avant cette époque avancée de la vie.

ARTICLE 2.

Les électeurs qui ont droit de suffrage sont ceux qui ont trente ans accomplis, et qui paient une contribution directe de trois cents francs (*Article 40 de la Charte*). Le reste des Français, ne pouvant présenter aucune garantie de moralité ni de talens, sont privés de tous les droits politiques.

Avant la dernière loi sur les élections, il était facile d'éluder la seconde partie de cet article ; et nous pourrions citer avec éloge quelques hommes généreux qui n'ont pas craint de sacrifier leur réputation d'honneur et de probité au noble projet de servir la bonne cause. Leur devise était avec raison : *Vive le roi, quand même...!*

ARTICLE 3.

On appelle *Collége* l'assemblée des électeurs qui ont été convoqués pour nommer un député. Ce mot s'applique aussi, comme chacun le sait, à ces maisons d'éducation où sont placés les jeunes gens de bonne famille, et l'on ne voit pas quelle espèce de rapport il existe entre ces deux réunions, à moins qu'on n'ait voulu dire que la même liberté doit régner dans l'une comme dans l'autre.

CHAPITRE II.

CHOIX D'UN PARTI.

> In conflictu opinionum, tutior anteponenda est. (St Thomas.)
>
> Dans le conflit des opinions, il faut préférer la plus sûre.

ARTICLE PREMIER.

Un homme de quarante ans doit avoir perdu toutes les illusions de la jeunesse, et savoir à quoi s'en tenir sur ce que le vulgaire appelle *patrie*, *liberté*, *désintéressement*. Aussi sera-t-il inutile de lui dire qu'un habile éligible n'affectionne sincèrement aucune des opinions qui divisent les autres mortels; il les regarde toutes comme des vêtemens qui ne sont mettables que dans leur saison.

ARTICLE 2.

La bonne cause a beaucoup varié depuis 90 : elle était alors dans le parti des La Fayette et des Bailly; plus tard, elle a passé dans celui de Marat et de Robespierre. Après quelques variations, elle s'est fixée quinze années sous les drapeaux d'un soldat heureux; elle l'a abandonné après sa défaite, et, depuis lors, elle a successivement caressé tous les partis. . . . .

Un éligible qui aspire à la députation est toujours pour la bonne cause.

ARTICLE 3.

Un collége électoral est composé de deux sections distinctes. Dans la première se trouvent les hommes qui paient de fortes contributions, et qui, ne recevant rien en retour, s'imaginent, non sans quelque fondement, qu'il n'y aurait aucun inconvénient pour eux à voir diminuer les impôts publics. L'autre section, au contraire, pense, avec autant de motifs, qu'on ne pourrait diminuer les droits de l'état sans diminuer aussi les gros traitemens qu'ils perçoivent. Qu'est-ce qui a raison? Qu'est-ce qui a tort? c'est ce qu'il est difficile de décider; car il y a de fort bonnes choses à dire de part et d'autre. Le seul moyen de se tirer d'embarras, c'est de compter le nombre de voix et d'adopter l'avis de la majorité.

ARTICLE 4.

Il est des circonstances, cependant, où l'on n'a pas le choix de se placer sous l'une ou sous l'autre bannière. Le fonctionnaire salarié, par exemple, doit être essentiellement persuadé que tout va et ira pour le mieux avec un ministère qui distingue si bien les hommes de mérite. De même, celui qui a été employé dans l'administration ou dans la police impériales, est nécessairement du parti de la liberté de la presse et de l'indépendance des votes.

ARTICLE 5.

Hormis ces cas de nécessité absolue, et qui sont exceptionnels, je pense qu'il vaut mieux se présenter comme candidat de l'opposition que comme ami du ministère. Ce dernier donne purement ses services; l'autre, au contraire, se réserve le droit de les vendre, ce qui est plus avantageux assurément.

CHAPITRE III.

QUELQUES MOIS AVANT L'ÉLECTION.

> . . Servare modum, finemque tenere,
> Naturamque sequi.   (Lucan. l. II, v. 381.)
> Régler ses actions, avoir un but déterminé, et suivre la nature.

> Aimez-vous la muscade? on en a mis partout
> (Boileau.)

ARTICLE PREMIER.

L'ÉLIGIBLE qui a choisi le parti auquel il croit avantageux de s'adresser, ne doit rien oublier pour s'en faire connaître et aimer. Qu'il ne craigne même pas de négliger ses propres affaires pour s'occuper de celles des électeurs : une fois à la Chambre, il aura tout le loisir de faire le contraire.

ARTICLE 2.

Si le candidat libéral a un plus bel avenir que le candidat ministériel, il a besoin aussi d'être plus habile, car la concurrence est plus grande, et les comparaisons sont quelquefois dangereuses. Cependant ce parti a si souvent reçu des promesses que les effets n'ont pas suivis, qu'il a pris l'habitude de se contenter des premières.

ARTICLE 3.

Ne soyez pas avare de protestations, elles ne coûtent qu'à ceux qui y croient; et ne vous laissez surpasser par personne, lorsqu'il s'agira de déclamer contre les abus et de prêcher la réforme. Écriez-vous : Ah! si j'étais député, comme je parlerais contre les impôts qui écrasent le peuple, contre le clergé qui veut le dominer, contre le despotisme et l'arbitraire qui le foulent... Si j'étais député, il n'y aurait bientôt plus de contributions directes ni indirectes; les préfets seraient attachés à leurs administrés et non aux ministres qui les ont nommés; les ministres eux-mêmes feraient passer le bonheur de la France avant le soin de leur fortune, etc..... N'ayez aucun souci pour l'avenir, vous avez promis l'impossible, et le droit romain comme le Code civil vous délient de vos sermens : *ad impossibilia nemo tenetur.*

ARTICLE 4.

Déclarez-vous hautement pour l'enseignement mutuel; encouragez par votre fortune et votre crédit tout ce qui peut contribuer à l'instruction du peuple, et ayez soin de donner à vos démarches la plus grande publicité possible. D'un côté on vous proclamera l'ami des lumières, le philantrope par excellence, et si de l'autre on murmure, faites entendre que lorsque tout le monde aura de l'instruction, l'instruction ne sera plus un titre suffisant pour obtenir une place ou de l'avancement; qu'alors on reviendra nécessairement au régime de la faveur et des priviléges.

ARTICLE 5.

N'attendez pas les derniers jours qui précèdent l'élection pour être affable et populaire. Il faut éviter de montrer que votre bienveillance n'est qu'une vertu de circonstance, comme la politesse d'un garçon restaurateur au moment où il présente la carte à payer.

ARTICLE 6.

Deux mois avant la réunion du collége, essayez de capter l'affection de vos concitoyens par l'urbanité la plus recherchée et la plus soutenue. Ayez partout le chapeau à la main et le sourire sur les lèvres. Si vous rencontrez un électeur, saluez-le le premier et d'aussi loin que vous pourrez l'apercevoir; approchez-vous avec empressement de sa personne, demandez-lui avec intérêt des nouvelles de madame son épouse, du fils aîné qui sollicite une place de juge-auditeur, du second fils pour lequel les parens demandent une bourse, des deux demoiselles qui sont à marier. Il s'établira bientôt dans l'esprit du papa une filiation nécessaire entre l'idée de votre nomination et celle du bonheur de sa famille, et il appuiera votre candidature avec tout le zèle qu'un père met à placer ses garçons et à se débarrasser de ses filles.

ARTICLE 7.

Si vous êtes manufacturier, banquier ou industriel, il faut vous résoudre à déposer, pendant cette espèce de noviciat, toute votre morgue financière. N'ayez pas l'air, comme à l'ordinaire, de faire une grâce aux gens en leur vendant bien cher vos marchandises, et en escomptant leurs billets à gros intérêts. Recevez-les avec amabilité, et renvoyez-les sans hauteur à vos commis qui sauront bien vous venger de votre aménité forcée. Pourquoi eux se donneraient-ils la peine d'être polis? ils ne sont pas encore éligibles.

ARTICLE 8.

Quoique MM. les commettans se plaignent parfois de l'appétit de leurs députés, les dîners n'exercent pas moins une grande influence sur leurs consciences électorales; et un candidat intelligent ne néglige jamais un moyen de séduction aussi puissant. Si, d'après mes conseils, c'est aux libéraux que vous comptez vous offrir, mettez, comme M. H***, de la politique jusque dans les sauces. Offrez à vos convives du poulet *à la liberté de la presse*, du perdreau *à la Washington*, des filets de chevreuil *à la Missolonghi*, et ayez soin qu'au dessert vos bonbons soient enveloppés dans la Charte ou dans les droits de l'homme.

Ces moyens ont fort bien réussi à M. H*** : il a été nommé à une grande majorité par le parti de l'opposition ; ce qui ne l'a pas empêché de se mettre au mieux avec les ministres, de se pousser à la cour, et de voter pour la bonne cause. Il s'est si bien trouvé de faire de la politique à table, qu'aujourd'hui il n'en fait plus ailleurs ; et comme son cuisinier sait faire toutes les sauces, et son confiseur toute espèce d'enveloppes, il espère servir bientôt son pays dans une direction générale.

ARTICLE 9.

Il arrive malheureusement que la reconnaissance des convives ne dure pas plus long-temps que leur digestion. Ceux qui sortent de table avec les meilleures dispositions, les perdent bientôt si vous n'avez pas acquis dans le comité conjugal la voix prépondérante de madame l'électrice.

Pour désarmer un adversaire aussi redoutable, il sera bon de donner, à l'honneur des dames, deux ou trois bals patriotiques, où vous déploierez toutes les ressources de la galanterie et de l'opulence. N'y faites jamais danser que les femmes d'un âge respectable ou d'un physique peu engageant; ce sont les seules qui se mêlent de politique.

ARTICLE 10.

En agissant ainsi, vous recueillerez le double avantage de n'exciter la jalousie de personne, et de vous attacher cette vénérable partie du sexe qui est sans contredit la plus intrigante, la plus discoureuse, et en même temps la plus fidèle.

ARTICLE 11.

Vous pouvez faire à meilleur marché vos frais d'éligibilité si vous êtes dans le barreau ou dans la magistrature. En ces cas, il vous suffira de prendre la parole dans quelque occasion solennelle, et de blâmer avec sévérité les abus qui règnent dans l'administration publique. Comme chacun sait que vos consultations et vos arrêts ne s'obtiennent qu'au prix de l'or, on vous trouvera très généreux de ne rien prendre cette fois pour juger le ministère ou pour plaider contre lui.

CHAPITRE IV.

QUELQUES JOURS AVANT L'ÉLECTION.

Première Section.

Profession de Foi.

O sainte Vierge de Bon Secours! si vous empêchez ma barque de chavirer, je vous ferai présent d'un cierge aussi gros que celui de Pâques. — Mais, mon père, vous n'avez pas de quoi l'acheter. — Parle donc plus bas, la sainte Vierge t'entend. (ARMANDA.)

ARTICLE PREMIER.

Une profession de foi est l'expression fidèle des sentimens et de l'opinion de la majorité des électeurs du collége où l'on se présente.

ARTICLE 2.

Ce genre d'écrit contient, à l'ordinaire, l'engagement d'être fidèle à la Charte et de respecter les libertés publiques. Mais, comme l'on est obligé par la loi d'en faire le serment en entrant à la Chambre, ce n'est pas une simple promesse de plus qui doit effrayer la conscience de l'éligible.

ARTICLE 3.

Un candidat bien avisé s'obligera toujours à se soumettre à une réélection, dans le cas où il accepterait un emploi du gouvernement. Il forcera par là le ministère à ne lui offrir qu'une place assez belle pour compenser les dangers d'un nouveau scrutin.

ARTICLE 4.

Cependant, si l'honorable postulant occupe déjà une fonction civile ou militaire, il pourra excepter le cas où l'avancement aurait lieu dans la carrière qu'il suit, et où l'obéissance, dira-t-il, est un devoir impérieux. Les honnêtes électeurs trouveront sa raison fort juste, et ne feront pas attention qu'un colonel ne se trouve pas souvent dans la nécessité de refuser une présidence de cour royale, ni un magistrat, le brevet de général.

ARTICLE 5.

Rien n'étant moins défini et moins positif que les droits de la nation et ceux de la couronne, on ne risque jamais rien en s'engageant à les défendre avec zèle et persévérance. Dans l'occasion, on défendra ce que l'on voudra, en expliquant quels sont les droits qu'on attribue à la couronne et ceux qu'on attribue à la nation.

ARTICLE 6.

Une profession de foi doit être lithographiée et envoyée à domicile. Le candidat faisant la promesse de voter pour la diminution des impôts, aura bien soin d'affranchir les paquets qui seront confiés à la poste. Plusieurs candidats se sont mal trouvés d'avoir trop tôt fait lever sur les contribuables de nouveaux centimes additionnels.

Je crois inutile d'ajouter que les professions de foi s'écrivent toujours sur feuille volante.

AVIS.

Messieurs les éligibles pouvant ignorer quels sont les engagemens qu'ils doivent prendre, et les promesses qui séduisent le mieux les électeurs, nous avons jugé utile de leur donner, à la fin de ce titre, deux modèles de profession de foi. Des changemens de forme et de style seront nécessaires pour déguiser l'emprunt : à moins que les orages de la révolution n'aient empêché quelques-uns de mes honorables lecteurs de faire les études convenables. En ce cas leur ignorance les honore et les dispense de ce travail.

2.me *Section.*

Visites.

Tantùm ex publicis malis sentimus, quantùm ad privatas res pertinet. (Tit. Liv. l 3o, c. 44.)
Nous ne sentons des maux publics que ce qui nous touche en particulier.

—

Σπονδὰς ποιεῖσθαι τοῖς θεοῖς κατὰ τὸ οὖς.
(*Symbole de Pythagore*, 59.)
Faites les libations aux dieux par l'oreille.

ARTICLE PREMIER.

Un candidat à la députation ressemble au crocodile qui naît le plus petit des animaux pour devenir un des plus grands. Autant il sera élevé au palais Bourbon, et pourra y être justement orgueilleux de ses avantages, autant, avant son élection, il doit affecter de modestie et de popularité.

ARTICLE 2.

Lorsque toutes les professions de foi seront arrivées à leur destination, et qu'après une lecture réfléchie, l'électeur satisfait aura exposé la circulaire sur les bords de la glace de son salon, il faudra profiter de cet instant favorable pour porter le dernier coup à sa détermination ébranlée. C'est ce que vous ferez en vous transportant vous-même dans sa demeure pour lui réciter de vive voix le *credo* politique qu'il a déjà lu, et pour lui demander humblement son suffrage.

Un électeur n'ayant quelquefois d'autres titres à la haute idée qu'il a de son importance, que la cote de ses impositions, regardera alors comme un grand honneur la visite d'un homme qui, d'après la liste électorale, a trois fois plus de mérite que lui.

ARTICLE 3.

Tout le monde s'accorde à aimer et à demander la liberté de l'agriculture, de l'industrie et du commerce, mais chacun comprend cette liberté à sa manière, et sous-entend une petite restriction mentale d'après des considérations personnelles. C'est ce qu'il faut saisir, en faisant vos visites, si vous ne voulez commettre de singulières bévues.

Lorsque vous vous trouvez chez un propriétaire de vignes, parlez avec douleur des impôts énormes qui pèsent sur les vins; demandez-en la suppression prompte et entière; et, comme il faut un budget au ministre, doublez les charges qui pèsent sur un autre produit de l'agriculture; votre expédient paraîtra très juste et très raisonnable. Chez un maître de forges, ou un nourrisseur de bestiaux, demandez que les sucres, les cafés, les cotons, les dentelles, etc., entrent en France sans payer aucuns droits, ces messieurs diront que vous entendez à merveille les intérêts du commerce. Mais gardez-vous de faire le même vœu pour les fers ou les bœufs étrangers; vous tomberiez, selon eux, dans la licence, et ils ne veulent que de la liberté.

ARTICLE 4.

Les grands personnages, et les princes surtout, s'imaginent donner une grande idée de leur amour pour l'industrie, en causant, avec le propriétaire, des objets de son commerce. C'est une erreur; ils ne montrent que leur ignorance et perdent l'estime de ceux à qui ils ont affaire : par la raison que chacun regarde les connaissances qu'il a, quelque futiles ou grossières qu'elles soient, comme celles qu'il est le plus glorieux de posséder à un haut degré, et dont il est le plus honteux de manquer entièrement.

ARTICLE 5.

En conséquence, et contre les règles de la politesse ordinaire, amenez la conversation sur les sujets les moins familiers à votre interlocuteur ; et lorsqu'il verra que vous savez ce qu'il ignore, il en conclura qu'à plus forte raison vous connaissez ce qu'il connaît lui-même, comme l'on suppose communément que celui qui a fait le voyage d'Italie a fait aussi celui de Saint-Cloud.

ARTICLE 6.

Cependant, la conversation la plus agréable à l'électeur qui recevra votre visite, ne sera pas encore celle qui roulera sur les libertés publiques et les droits que les Français tiennent de la Charte, mais celle qui se resserrera dans le cercle plus étroit de ses intérêts de famille. Chacun de ces messieurs a toujours quelque affaire à démêler avec le gouvernement, ou un procès à gagner, ou une faveur à demander au roi. Placez-vous sur ce terrain, et, avec un peu de finesse, vous leur prouverez, d'une manière implicite, que l'accomplissement de leurs désirs est la conséquence nécessaire de votre nomination : alors ils se garderont bien de refuser le principe.

ARTICLE 7.

Si un indiscret vous demandait sottement : « Comptez-vous être ministériel, ou libéral, ou ultra, ou contre-opposant? » Feignez de ne pas comprendre le sens de la question, et répondez-lui sans mentir : « Non, monsieur, je veux être député. »

ARTICLE 8.

Le précepte renfermé dans l'article sixième est peut-être le plus essentiel et le plus utile de ce Code. Vérité de tous les temps et de tous les âges, mon honorable lecteur ne doit l'oublier dans aucun degré de sa vie politique. S'il la médite avec l'attention convenable, il verra que l'homme réuni à d'autres hommes diffère autant que possible de l'homme isolé. Comme membre d'une société nombreuse, il aime la liberté, l'égalité et toutes les vertus publiques et privées, parce qu'alors il considère les devoirs des autres envers lui. Retiré dans son intérieur, il préfère les priviléges, la domination et l'injustice, parce qu'il ne pense plus qu'à ses devoirs envers les autres. Mettez-vous donc toujours en scène, et souvenez-vous que les belles utopies dont on amuse le peuple depuis quinze ans, ressemblent à ces phrases harmonieuses et fleuries qui plaisent à l'Académie, et qui seraient du dernier ridicule au coin du feu.

3ᵐᵉ Section.

Moyens de se produire.

> Pone lucernam super candelabrum, ut luceat omnibus. (*Evang. sec. Matth.*)
> Placez le flambeau sur le chandelier, afin qu'il luise pour tout le monde.

Jusqu'a présent nous avons supposé que le candidat était connu dans son département, et que, par ses nombreuses propriétés ou ses relations commerciales, il avait eu des rapports avec le plus grand nombre des électeurs. Mais il est beaucoup d'éligibles dont l'existence se trouve plongée dans la plus complète obscurité, et qui, pourtant, aspirent à l'avantage de la représentation. C'est à eux que s'adressent les préceptes suivans.

ARTICLE PREMIER.

Si vous vous présentez dans un collége, et que vous vous aperceviez au premier coup d'œil que votre nom et votre mérite y sont entièrement ignorés, et que partant vous courrez le danger de n'y recueillir que votre voix, voici les moyens que vous pourrez employer pour vous produire au grand jour.

Écrivez aux journaux de Paris (en ayant soin d'affranchir votre lettre) que M. *** (vous vous nommerez) est porté par la majorité constitutionnelle de l'arrondissement de ***, et que tout fait espérer que son nom sortira victorieux du scrutin : signez ensuite, *Plusieurs Électeurs, vos abonnés.*

ARTICLE 2.

Quelques honorables de ma connaissance ont été plus fins encore. Ils ont rédigé eux-mêmes un article contre leur nomination, et l'ont envoyé, sous un nom supposé, à la *Gazette de France.* Cette feuille estimable ne jouissant pas, à beaucoup près, de la considération qu'elle mérite, les a mieux servis de cette manière que toutes les autres ensemble par leurs éloges.

ARTICLE 3.

Les sociétés philantropiques, morales, d'instruction élémentaire, etc., vous seront aussi d'un grand secours, si vous savez vous y introduire; et l'on y parvient facilement. Comme ces réunions ne sont composées, en majeure partie, que de médiocrités de toute espèce, les membres sentent la nécessité de se prôner et de se pousser les uns les autres. Vous y trouverez de plus l'avantage de vous former d'avance à la députation en y apprenant le secret de parler beaucoup de bonnes actions, et d'en faire très peu, et de dépenser plus en frais de séances qu'en aumônes et en secours.

ARTICLE 4.

Grâce à ces expédiens, vous êtes parvenu à mettre votre personne en évidence, et quelques électeurs ont promis de vous donner leur voix. Vous les comptez, et leur petit nombre vous effraie encore. Je sais d'habiles gens qui désespéreraient alors de la réussite; mais vous aurez plus de constance; et, sans perdre un temps précieux, vous irez aussitôt vous présenter dans un autre collége où l'on porte un homme qui jouit du plus grand crédit, et dont la nomination est assurée. Tout le monde sera étonné de votre audace, et un murmure universel accueillera votre démarche; mais quelques jours après, vous reprendrez une revanche éclatante dans l'esprit du public en vous désistant en faveur de votre concurrent. Vous ne pouviez lui faire aucun tort, n'importe; on criera au désintéressement; votre rival, devenu votre ami, vous appuiera, à la première occasion, de tout son pouvoir et de toute son influence; et MM. les électeurs constitutionnels s'empresseront de récompenser une action aussi méritoire et aussi patriotique.

CHAPITRE V.

JOUR DE L'ÉLECTION.

Ma sœur Anne, ne vois-tu rien venir ?
(*Contes de Perrault*)

—

O fortes, pejoraque passi
Mecum sæpè viii! Nunc vino pellite curas
Cras. . . .   (HORAT. Od. 7, l. I.)
Braves amis, vous qui avez essuyé avec moi de plus grands maux, noyez vos soucis dans le vin. demain. . . .

IL y avait à Rome un jour où les esclaves devenaient maîtres, et où les maîtres devenaient esclaves. Tout était permis aux premiers pendant la durée éphémère de leur pouvoir; mais les désirs de vengeance étaient promptement noyés dans les flots du Falerne, et, grâce à l'ivresse du banquet, ils passaient une journée entière dans l'oubli de leurs maux et l'illusion de la liberté.

ARTICLE PREMIER.

Le jour de l'élection doit ressembler à la péroraison d'une harangue, qui contient en résumé les argumens dont on s'est servi dans le reste du discours, mais embellis et fortifiés par toutes les ressources de l'éloquence. Aussi pour éviter les répétitions, nous renvoyons le lecteur aux chapitres précédens.

ARTICLE 2.

Un candidat actif ne se donne pas des airs d'Alexandre, en dormant paisiblement toute la nuit qui précède le combat. Une fois sur les rangs, il ne lui est plus permis de prendre du repos jusqu'à son entrée à la Chambre.

ARTICLE 3.

Il emploiera ce temps précieux à parcourir les hôtels, afin d'assister à l'arrivée des électeurs campagnards, qui ne quittent leurs domaines qu'à la chûte du jour pour se dérober le moins possible à leurs travaux rustiques. Ces messieurs sont ordinairement trop occupés de l'importante fonction qu'ils viennent remplir pour songer à autre chose. Leur coutume est de se réunir dans la salle des voyageurs le reste de la nuit, et d'y traiter des malheurs du temps et de l'élection du lendemain. Ayez un affidé qui se trouve au milieu d'eux, et qui, après avoir enchéri sur leurs plaintes et leur mécontentement, vous désigne comme l'homme le plus capable de les faire cesser. Lorsque son éloquence, fortifiée par quelques bouteilles d'une liqueur généreuse, aura échauffé toutes les têtes, vous vous présenterez, comme par hasard, au milieu de l'assemblée, et à l'aide des spiritueux et de votre éloquence, vous exciterez un enthousiasme, que l'avenir calmera peut-être, mais qui durera assez pour ce que vous voulez en faire.

ARTICLE 4.

Dès le lever du soleil, que votre porte soit ouverte à chacun; renvoyez ce jour-là concierge, laquais et tous ces gens qui protégeront plus tard votre repos contre d'importuns solliciteurs; qu'on ne trouve chez vous qu'échansons provocateurs et maîtres d'hôtels officieux qui serviront avec profusion tout ce qui peut satisfaire les besoins, flatter le goût et enivrer les sens. Si quelqu'un d'eux ne veut pas prendre part au festin, suivez le précepte de l'Évangile : *Com-*

pelle eos intrare : forcez-les d'entrer; mais seulement par la politesse la plus aimable. Un candidat ne doit pas éviter les dépenses un jour d'élection, ou il ressemblerait à ce laboureur qui craignait de perdre ses grains en ensemençant ses terres.

ARTICLE 5.

Il est bien entendu que le candidat tiendra note de tous ses frais pour en demander le remboursement en temps et lieu. Mais, quoique ce soient les convives qui paieront la carte, ce n'est pas à eux qu'il faut la présenter.

ARTICLE 6.

Les moyens que je viens d'indiquer, si connus en Angleterre, ne jouissent pas encore parmi nous de tout le crédit qu'ils méritent. Cependant un noble fonctionnaire vient de les employer avec succès dans une circonstance récente, et nous aimons à croire que son exemple aura des imitateurs. Lorsque MM. les électeurs nous auront vendu leurs voix pour un seul banquet électoral, de quel droit nous reprocheront-ils d'avoir donné la nôtre pour tant de fêtes ministérielles?

ARTICLE 7.

Il est très utile aussi, un jour d'élection, de vous attacher les jeunes gens de la ville, qui s'empresseront de soutenir votre candidature avec tout le zèle et la franchise de leur âge. Ce sont eux qui, au besoin, encouragent les timides et les faibles, nous gagnent de nouveaux partisans dans la faction opposée, et ne redoutent ni la fatigue, ni les veilles, ni l'intempérie des saisons, lorsqu'il faut chercher au loin les électeurs nécessaires pour assurer notre victoire. Ne les plaignez pas pourtant des peines qu'ils se donnent; le plaisir qu'ils y éprouvent les rend plus heureux que vous qui en retirez le fruit. D'ailleurs, pourquoi seriez-vous reconnaissans de ces bons services? Ce n'est pas à vous qu'ils pensent, ils ne comptent les rendre qu'à leur pays.

CHAPITRE VI.

MODÈLES

De Profession de Foi.

>Ea quæ sunt styli non operantur in contractibus. (ARGENTRÆUS.)
>Les choses qui sont de style et d'habitude ne produisent aucun effet dans les contrats.

QUOIQUE nous puissions enseigner, en empruntant les belles paroles de Louis XII, que le député ne doit jamais se souvenir des engagemens de l'éligible, il est sage néanmoins de ne pas offrir aux électeurs des choses qu'ils ne vous demandent pas : quelque peu que cela coûte, il ne faut le faire qu'en cas de nécessité. C'est pourquoi j'ai donné ici le modèle de deux espèces de déclaration de principes. La première convient dans les cas ordinaires où l'on n'aura contre soi qu'un concurrent ministériel ou absolutiste ; alors le nom seul de la Charte, glissé tant bien que mal dans votre discours, sera regardé comme une profession de foi admirable. Mais si vous avez à lutter contre un rival qui se pare des mêmes couleurs que vous, il deviendra nécessaire de le surpasser, si non en talens et en bonne foi, du moins en libéralité de promesses.

Premier Modèle.

Notre respect pour la liberté et l'indépendance des votes nous oblige de reconnaître à MM. les électeurs le droit de demander à ceux qui briguent leurs suffrages, une déclaration franche et consciencieuse de leurs sentimens, de leurs opinions et de leurs projets.

Aussi j'avouerai sans détours que mes sentimens sont ceux d'un bon Français, d'un bon citoyen, et, sans doute, c'est en dire assez, lorsqu'on parle à des citoyens et à des Français.

Quant à mes opinions, je les produirai au grand jour avec la même franchise, et dussent-elles m'attirer la haine des méchans et des ennemis de la France, je n'en confesserai pas moins avec courage que j'aime mon pays, que je désire tout ce qui peut contribuer à sa gloire et à sa prospérité, et que j'ai toujours méprisé ceux qui veulent sa ruine ou son abaissement.

Mes projets ne doivent pas davantage vous être inconnus, et je finirai de remplir une tâche qui plaît à mon caractère et à mon indépendance, en vous disant qu'ils seront conformes à mes sentimens et à mes opinions. Je vous ai exposé ces derniers avec trop de sincérité pour que vous puissiez douter un seul instant qu'une fois à la Chambre, je ne propose et n'adopte toutes les mesures que je croirai utiles, et qui seront propres, selon moi, à assurer la dignité de la couronne et le maintien des institutions qu'elle protége.

J'ajouterai, en finissant, qu'il est certaines circonstances où un député doit résigner entre les mains de ses commettans les pouvoirs dont il a été investi, et se soumettre à une réélection. C'est un exemple que je m'empresserais de donner moi-même, si le cas se présentait jamais, ce que d'ailleurs je suis loin de croire et de penser.

Deuxième Modèle.

Lettre circulaire.

Monsieur,

J'ai appris avec une espèce de déplaisir qu'un grand nombre d'électeurs étaient décidés, en me donnant leurs suffrages, à me confier la haute mission de défendre à la Chambre les intérêts de la France et ceux de ce département en particulier. L'idée que je me suis faite des devoirs d'un fidèle député est si grande et si élevée, que j'ai d'abord reculé avec effroi devant l'offre d'une telle responsabilité. Mais les prières et les objections ont été inutiles, et, quoi que j'aie fait, je n'ai pu parvenir à me nuire à moi-même dans l'esprit de la majorité du collége. Dans cette situation presque pénible, je dois à MM. les électeurs de leur faire connaître que si je suis effrayé d'avance du fardeau qu'on veut m'imposer, je ne le porterai pas moins avec courage, lorsqu'un refus me sera devenu impossible.

Je pense que l'état doit une protection éclairée à l'agriculture et à toutes les industries, mais qu'il en doit une plus active et plus puissante encore au commerce important (des vins, ou des céréales, ou des bestiaux, ou des sucres de betterave, selon les intérêts locaux).

Après nos désastres politiques, je crois que la seule planche de salut est dans l'amour bien entendu de la Charte et du trône constitutionnel. Aussi je ne croirai avoir dignement rempli mon mandat que lorsque j'aurai voté l'abolition des lois qui ont dérogé à notre pacte fondamental, et où l'on a méconnu les volontés du monarque législateur. La France, écrasée par les impôts, et ruinée par l'anéantissement du commerce, demande de grandes économies dans toutes les parties du service public. Je saurai remplir un devoir impérieux en réclamant avec persévérance la réduction des dépenses, l'abolition des monopoles, et en m'opposant avec opiniâtreté à l'établissement de toutes nouvelles charges.

Les droits de la vieille armée sont sacrés à mes yeux; ils ont été achetés au prix du sang et de trente années d'héroïsme et de gloire.

Je connais aussi quelle est la véritable position d'un député qui veut se respecter lui-même, et je n'oublierai jamais, même devant un pouvoir auguste, l'indépendance et la dignité qui appartiennent aux représentans d'un grand peuple.

Citoyens électeurs, tels sont les sentimens que j'apporterai à la Chambre des communes, si vous persévérez, malgré mes instances, à m'honorer de vos suffrages. Vous croirez sans doute inutile que celui qui en est animé s'engage à résilier son mandat dans le cas où il accepterait un emploi du gouvernement : nous savons tous que ce ne sont pas de telles opinions que viennent encourager les bienfaits du ministère.

CHAPITRE VII.

Qui congregat in messe, filius sapiens est.
(*Lib. Prov. cap. X.*)
Celui qui remplit ses greniers pendant la moisson est un homme sage.

Ce n'est moy qui tourne, c'est le vent.
(PASQUIER.)

MORALITÉ.

Si l'ouvrage que j'écris en ce moment eût été fait, dans ma jeunesse, par un autre que par moi, et qu'il me fût tombé sous la main à cette époque de ma vie, je crois que je l'aurais bientôt rejeté avec le plus souverain mépris. Quel est, aurais-je dit, cet homme pervers qui enseigne si froidement le parjure, et qui ne craint pas de recommander la corruption et l'hypocrisie aux hommes qui ont le plus besoin de vertu? Mais les hivers, qui ont dépouillé ma tête de sa plus belle parure, ont aussi chassé de mon imagination tous les rêves brillans qu'elle caressait; et trente années d'expérience politique m'ont appris à voir les hommes tels qu'ils sont, et non tels qu'on les désire.

O vous qui me lisez et qui seuls devez me lire, n'avez-vous pas aussi traversé ces *prodigieuses* années, selon l'expression de M. Destutt de Tracy, plus fécondes en leçons et en exemples que tous les ouvrages de morale et d'histoire qui parent vos bibliothèques? Quels que soient les premiers sentimens qui aient fait battre votre cœur, quelque cause qui ait séduit votre jeunesse et que vous ayez servie au prix de votre fortune et de votre sang, qu'avez-vous trouvé partout, si ce n'est lâcheté et trahison? Quel serment n'a pas été suivi du parjure, quel parjure n'a pas été mis en honneur? Quelle vertu n'a pas été regardée comme un crime, et quel crime n'a pas été regardé comme une vertu?

Né dans les rangs inférieurs de la société, je saluai avec enthousiasme l'aurore de la révolution; je m'enivrais des mots magiques de liberté et d'égalité, et jamais maîtresse ne m'inspira un amour plus vif ni plus délirant que ces chimères enchanteresses, que je prenais pour des réalités. Mais si le songe a été agréable, que le réveil a été pénible! La nation, ainsi qu'on l'appelait alors, ébranlée jusque dans ses derniers fondemens, n'avait fait tant d'innombrables sacrifices que pour le profit de quelques ambitieux qui, en s'élançant sur le rivage, ont repoussé dans les rescifs la barque qui les avait portés.

Et aujourd'hui, s'il existe encore un de ces hommes rares et aveugles qui ont été fidèles à leur parole et qui n'ont point transigé avec les événemens, qu'on me le montre; et s'il n'a pas trouvé dans sa persévérance les outrages de ceux qu'il a combattus, la haine plus cruelle encore de ceux qui l'ont trahi, le délaissement de ceux pour lesquels il a tout sacrifié, la privation des honneurs, un état voisin de l'indigence; qu'on me le montre, dis-je, et je déchire ce livre en abjurant mon athéisme politique.

Après cela, qui peut encore me blâmer d'avoir quitté une route qui mène à un tel but, et de conseiller aux autres d'imiter mon exemple et celui de tous les gens sages.

Mais cette morale, consolante pour l'homme puissant, conduirait le faible dans l'abîme du désespoir; et je me serais bien gardé moi-même de faire ici ma profession de foi, si elle devait être lue par d'autres personnes que celles à qui cet ouvrage est destiné. Aussi, ne saurais-je trop leur recom-

mander de cacher au vulgaire des vérités qui ne sont pas faites pour lui
toute notre existence et notre aveni
dépendent de ce secret. Tant que le
peuple croira à la probité et au désintéressement de ses mandataires, il ser
facile de le tromper en affichant ce
vertus; mais si jamais vous lui ouvrie
les yeux, il serait à craindre qu'il ne
voulût faire ses affaires lui-même.

Corollaires pratiques.

ARTICLE PREMIER.

Un politique habile doit ressembler au voyageur sage qui se met en

route avec le soleil levant, et s'arrête toujours avant son coucher.

ARTICLE 2.

Tout le talent d'un homme public consiste à savoir se retirer à propos. Bien des gens n'ont perdu leur réputation d'habileté que pour avoir été fidèles à leur parole, et par conséquent tôt ou tard malheureux, d'après le sort ordinaire des choses humaines.

ARTICLE 3.

L'Évangile assure que dans le ciel on se réjouit davantage pour la conversion d'un seul pécheur que pour la persévérance de cent justes. Comme il en est de même sur la terre, convertissez-vous, et ne persévérez jamais.

ARTICLE 4.

Celui qui reste dans le parti où il a reçu la récompense des services qu'il a rendus, est moins sage que celui qui, en l'abandonnant, se fait de plus récompenser par un autre pour ceux qu'il cesse de rendre.

Ogni medaglia ha il suo riverso.
(*Proverbe italien*)

LE DÉPUTÉ.

TITRE PREMIER.

Conduite à la Chambre.

> Je vais vous prouver aujourd'hui que la langue est la meilleure chose du monde.
> (PLANUDE, *Vie d'Ésope.*)

CHAPITRE PREMIER.

L'ARRIVÉE A PARIS.

> ... Quantum mutatus ab illo.

ARTICLE PREMIER.

SIXTE-QUINT, nommé pape, jeta loin

de lui les béquilles dont il s'était servi pendant qu'il était cardinal.

ARTICLE 2.

A votre départ de la province, on vous chargera de réclamations et de demandes de toute espèce. Votre premier devoir, en arrivant à Paris, sera de vous acquitter fidèlement de vos commissions, en remettant vous-même, ou en faisant remettre tous vos paquets au concierge de chaque ministère.

ARTICLE 3.

Si la session n'est pas encore ouverte, ne vous hâtez pas de vous présenter chez les ministres et dans les salons politiques ; on se fait valoir en ne se prodiguant pas ainsi tout de suite : vous pouvez employer avec plus d'utilité vos heures de loisir en fréquentant les cours d'histoire, d'éloquence, et surtout les lieux où l'on joue la comédie.

ARTICLE 4.

Cette retraite volontaire n'aurait aucun avantage si tout le monde n'était pas averti de votre arrivée. Le meilleur moyen pour la publier avec éclat et vous donner une grande importance, c'est de le faire par la voie des journaux : cela ressemble aux grands coups d'archet de l'Opéra qui annoncent l'entrée en scène des premiers sujets.

Vous obtiendrez facilement cette complaisance de MM. les rédacteurs, en déposant trente sous pour chaque ligne de votre annonce.

CHAPITRE II.

COMMENCEMENT DE LA SESSION.

>Qui benè agit, amat lucem
>(Moï in æus.)
>Celui dont les actions sont honnêtes,
>aime la lumière

Les jurisconsultes, ainsi que les philosophes, ont toujours regardé l'ordre dans les matières comme le meilleur moyen d'y apporter la clarté et la précision. Je ne veux pas dire par là que les futurs législateurs qui me lisent doivent mettre ces précieuses qualités dans tous leurs ouvrages, car il est des cas, et certaines bonnes lois peuvent nous servir d'exemple, où

Souvent un beau désordre est un effet de l'art

Je pose une règle générale, qui a de nombreuses exceptions, mais que je crois utile d'appliquer aujourd'hui avec toutes réserves.

Jusqu'à présent, les préceptes que j'ai donnés ont pu s'adresser à tous mes lecteurs, parce que tous poursuivaient le même résultat, et que leur exécution est à la portée de tous les talens. Mais lorsque l'éligible est devenu député, plusieurs voies s'ouvrent devant lui, et quoique chacune d'elles conduise à un but désirable, elles ne conviennent pas toutes aux mêmes personnes. S'il en est dont la pente est facile et douce, et que l'on peut parcourir en se jouant, on en trouve d'autres qui sont escarpées, difficiles, et qui demandent des efforts dont beaucoup d'hommes sont incapables. Chaque député est sans doute un citoyen loyal, consciencieux, plein de sens et de probité, ne voulant que le bien de son pays; et si quelqu'un lui contestait ces vertus, il devrait le traduire incontinent devant les tribunaux; mais il est des qualités accessoires dont il peut être dépourvu sans déshonneur, telles que l'instruction, le savoir et l'éloquence. Sans ces qualités, on devient préfet, conseiller d'état, directeur-général, pair de France; et cette perspective, dont je me suis contenté, me paraît assez belle pour compenser l'inconvénient de ne pouvoir parler à la tribune ni aspirer au portefeuille.

Ces hautes considérations, fruit de mon expérience, m'ont engagé à ranger les honorables membres dans deux classes distinctes : ceux à qui des talens ou de l'habitude permettent de prendre une part active à nos débats parlementaires, et ceux qu'une juste défiance d'eux-mêmes retient sur les bancs législatifs. Pour éviter par la suite des périphrases aussi longues, j'emploierai des termes plus précis et plus caractéristiques, et j'appellerai les premiers, *députés de tribune*, et les autres, *députés de scrutin*.

En adoptant, dans le reste de ce titre, une division aussi logique et aussi naturelle, j'espère y avoir porté tous les bienfaits que j'attribuais tantôt à un ordre lucide et à une savante distribution des matières.

Première Section.

Députés de Tribune.

Tarde venientibus ossa

ARTICLE PREMIER.

Dès la première assemblée publique, empressez-vous de faire entendre votre voix à la tribune. Dans ce moment, l'avidité des nouvellistes, des oisifs qui n'a pu se satisfaire pendant plusieurs mois, l'épuisement des journalistes qui ont été si long-temps obligés de remplir eux-mêmes leurs colonnes, vous assurent que votre discours sera imprimé tout au long par ces derniers, et, ce qui est encore plus difficile à obtenir, lu en entier par le public.

ARTICLE 2.

Effrayez d'abord le pouvoir par une opposition continuelle et impitoyable. Les premières discussions ayant toujours peu d'importance, vous lui ferez plus de peur que de mal, et vous acquerrez le droit de parler plus tard de votre indépendance, tout en agissant dans les intérêts de ceux qui distribuent les grâces et les pensions.

ARTICLE 3.

C'est au commencement de l'année législative que les ministres dressent leurs plans de campagne, et comme il est naturel de penser que ceux qui crient les premiers et le plus fort, sont les plus pressés, ce sont ceux aussi qu'on se hâte de satisfaire, et qui reçoivent la plus grosse part.

ARTICLE 4.

Une faveur du roi, dans les premiers jours de la session, suppose des services antérieurs, et impose silence à la critique ; tandis que l'approche du budget fait soupçonner la corruption et la vénalité. Si vous attendiez si tard, messieurs du portefeuille, qui connaissent à fond toutes les ressources de l'art de refuser, saisiraient ce prétexte pour vous renvoyer après l'adoption de la loi, c'est-à-dire aux calendes grecques.

ARTICLE 5.

Il faut, avant tout, être persuadé que les ministres ne pouvant juger, dès l'abord, les services que vous êtes en état de leur rendre, sont forcés de les payer, non ce qu'ils valent, mais ce que vous les estimez.

2ᵐᵉ Section.

𝔇éputés de Scrutin.

Os habent et non loquuntur
(<i>Lib. I Psalmorum</i>)
Ils ont une bouche, et ils ne parlent pas

ARTICLE PREMIER.

Si une armée ne se composait que de généraux et d'ingénieurs, on y projetterait sans doute de superbes plans de bataille, mais on n'en effectuerait aucun en présence de l'ennemi. C'est ce qui arriverait au ministère, s'il n'avait que des orateurs à sa disposition, tandis que le corps respectable des députés qui se taisent, et qui votent, est pour lui la masse formidable, qui, en obéissant à l'ordre des chefs, peut seule combattre et remporter la victoire.

ARTICLE 2.

Un député qui est forcé de s'interdire la tribune, est donc assez utile à ceux qui l'emploient pour exiger de leur part quelques sacrifices. Son avenir est même plus assuré que celui de ses confrères, dont les talens sont plus applaudis, mais portent aussi plus d'ombrage.

ARTICLE 3.

L'honorable membre à qui je m'adresse dans cette section, cherchera de bonne heure à se faire distinguer par l'assiduité la plus scrupuleuse. Aussi diligent que MM. les huissiers, il doit partager avec eux l'ennui des longues heures d'attente qui précèdent la lecture du procès-verbal, et celui plus mortel encore qui accompagne les derniers travaux de la séance.

ARTICLE 4.

Ce n'est pas à lui que je conseillerai

de montrer la plus légère résistance aux volontés du maître; elle ne lui ferait aucun honneur aux yeux du public qui l'ignorerait, et ferait douter de son dévouement sans bornes à de meilleurs observateurs.

ARTICLE 5.

Il ne vous est pas davantage permis de rester neutre dans quelque question que ce soit. Dévoué à vos patrons, vous devez craindre que votre inaction ne fasse flotter un instant la balance; et si vous ne pouvez échapper à l'influence soporifique de la discussion, priez au moins qu'on vous éveille lorsqu'il s'agira de voter.

ARTICLE 6.

Une conduite aussi sage et aussi politique sera bientôt remarquée par les ministres, et vous mériterez toute leur estime. Ils vous regarderont désormais comme un chien vigilant et fidèle à qui son maître peut confier sans crainte la garde du logis et de ses trésors les plus précieux.

CHAPITRE III.

DISCUSSIONS DES LOIS.

Première Section.

Députés de Tribune.

In favorem prolis potiùs declinamus.
(INNOCENT III.)
Nous penchons volontiers en faveur de
nos enfans.

ARTICLE PREMIER.

Lorsqu'une loi est présentée par le ministère, il faut bien examiner si elle émane de sa propre volonté, ou si elle lui a été imposée par les exigences de la cour, ou par la nécessité de faire quelques concessions aux intérêts populaires.

ARTICLE 2.

Dans le premier cas, vous commettriez un moindre sacrilége en portant les mains sur l'arche sainte qu'en osant toucher à l'œuvre ministérielle. C'est une des circonstances critiques où un député n'a pas même la ressource de racheter par son vote le péché de son discours, et où, au risque de compromettre sa popularité, il doit admirer sans réserve l'enfant de prédilection qui lui est offert.

ARTICLE 3.

S'il vous était possible de feindre une maladie assez grave pour vous dispenser de prendre part aux travaux de la Chambre, il serait sage de le faire dans le cas de l'article précédent. On y perd l'estime de ses commettans, et on ne gagne rien auprès des ministres, dont l'orgueil paternel est trop aveugle pour regarder votre conduite comme une complaisance.

ARTICLE 4.

Un projet dicté par la haute aristocratie est une mine sans prix pour un député intelligent. Convenablement discuté et amendé, il suffira seul pour faire sa fortune. En approuvant la loi quant à son principe, il se mettra bien avec les hommes pour qui on l'a faite, et en désapprouvant la timidité de l'exécution, il servira ceux même qui ont à se le reprocher.

ARTICLE 5.

En effet, si les ministres obéissent volontiers aux influences des hautes régions, ils sont obligés pourtant de faire un peu d'attention aux criailleries des journaux et de l'opinion publique, malgré le mépris intérieur qu'elles leur inspirent. C'est ce qui les retient souvent en arrière du but qu'ils désireraient atteindre. Par un amendement adroit, forcez-les vous-mêmes à y arriver, et ils vous en sauront d'autant plus de gré que vous aurez eu l'air de leur faire plus de violence.

Quoique ces messieurs aient passé l'âge des séductions, ils ressemblent souvent à ces jolies femmes qui ne sont pas fâchées qu'on leur arrache ce que la bienséance leur commande de refuser.

ARTICLE 6.

D'une autre part, MM. de la cour, qui regardent toujours ce qu'on leur donne comme une restitution, et comme un vol ce qu'on ne leur donne pas, vous attribueront tout l'honneur d'une loi dont les ministres ne supporteront que le blâme.

ARTICLE 7.

Les malheurs du temps veulent que les gens du roi obéissent quelquefois à des exigences moins élevées, et il est facile de voir la répugnance qu'ils y éprouvent à la lenteur de leur marche et à la faiblesse de leurs efforts pour détruire les obstacles. Alors il est d'honorables membres qui pensent flatter le pouvoir en adoptant le projet qu'on leur présente dans toute sa pauvreté; d'autres veulent acquérir un nom populaire en proposant d'aveugles améliorations : ce sont deux erreurs qu'il faut éviter avec le même soin.

ARTICLE 8.

Guidés par une sage politique, les ministres cèdent toujours à regret aux envahissemens de la liberté; et lorsqu'ils ont médité une loi où elle est aussi restreinte que sa nature peut le comporter, ils ont coutume de retrancher encore quelque chose pour le jeter ensuite comme un gâteau de miel aux cerbères de la Chambre. Ils savent que ces messieurs ne cherchent jamais à rendre un projet aussi bon que possible, ce qui leur importe fort peu; mais à le rendre un peu moins mauvais qu'il ne leur est présenté, pour faire preuve d'indépendance et de bonne volonté.

ARTICLE 9.

Si vous accueillez sans amendement cet enfant de réprobation, vous lui refusez le faible principe de vie qui lui est nécessaire pour exister; si vous le lui donnez sans ménagement, vous créez un être fort et robuste, lorsqu'on ne voulait faire qu'un impuissant valétudinaire. Prenez un sage milieu, et vous fortifierez votre crédit auprès de vos commettans, tout en ne dépassant pas les colonnes ministérielles.

2.me *Section.*

Députés de Scrutin.

> Tuba mirum spargens sonum.
> (*Dies iræ.*)
> La trompette répandant au loin un bruit formidable.

ARTICLE PREMIER.

Je prie l'estimable législateur qui m'honore en ce moment de son attention, de parcourir la section précédente, quoiqu'elle n'ait pas été écrite pour lui. Il y verra quels sont les projets qu'il doit respecter religieusement, et ceux qu'il peut voter avec les changemens demandés par la fraction parlante de l'assemblée.

ARTICLE 2.

Il est de ces argumens qu'on ne peut combattre par le discours, et qui se réfutent parfaitement par des murmures, des trépignemens, des cris à l'ordre et autres interruptions.

ARTICLE 3.

Quel que soit votre attachement pour les hommes que le roi a honorés de sa confiance, ne poussez pas le fanatisme jusqu'à trouver leurs œuvres plus parfaites qu'ils ne veulent eux-mêmes qu'elles paraissent. D'ailleurs, et lorsqu'ils y consentent, un peu d'opposition écarte les reproches de servilité qui finiraient par tuer vous et vos idoles.

ARTICLE 4.

Une faible résistance dans les petites choses permet de tout accorder dans les occasions importantes. C'est ainsi qu'un panégyriste adroit se sert d'une légère critique, pour faire passer les nombreux éloges qu'il veut donner à son héros.

ARTICLE 5.

Si, la veille d'une discussion, vous êtes invité à la table du secrétaire d'état qui doit la soutenir, trouvez une excuse polie pour ne pas accepter, et donnez-lui le lendemain votre boule blanche. Ce sera lui dire finement que votre voix vaut plus qu'un dîner, quelque ministériel qu'il soit.

ARTICLE 6.

Si vous ne pouvez résister à la tentation, ce qui, nous l'avouons à notre honte, nous est arrivé quelquefois, du moins n'attendez pas le Champagne pour faire l'éloge du projet qu'on vous a communiqué; sinon l'illustre Amphitryon pourrait lui attribuer votre défaite, et penser qu'il n'a pas besoin, pour vous convaincre, d'employer des argumens d'un plus grand poids.

CHAPITRE IV.

DES PÉTITIONS.

Multa proponuntur, quæ non perficiuntur.
(BOERIUS.)
Bien des choses sont proposées, qui ne sont pas exécutées.

—

Petite et accipietis.
(*Evang. sec. Luc.*
Demandez et vous recevrez

Première Section.

Députés de Tribune.

ARTICLE PREMIER.

DE même que les hommes religieux, après s'être occupés toute la semaine de leurs affaires personnelles, consacrent le jour du dimanche à remplir leurs devoirs de piété, ainsi notre Chambre nationale a décidé de sanctifier le samedi en entendant un rapport de pétitions.

ARTICLE 2.

Le droit de pétition est le plus grand bienfait du gouvernement représentatif; car s'il est malheureusement du sort des peuples de souffrir sous tous les systèmes possibles, ils ont du moins dans celui-là la consolation de se plaindre.

ARTICLE 3.

Il serait tout-à-fait impolitique et même ridicule de parler d'un abus que l'on dénonce à votre blâme, comme s'il s'agissait de le faire cesser à l'instant même. Il est toujours utile de promettre et de désirer une réforme, lors même qu'il est de votre intérêt de ne pas l'accorder.

ARTICLE 4.

Les pétitions, qui sont la grande ressource des avocats sans cause, vous donneront aussi l'occasion de prononcer de fort beaux discours qui prouveront votre talent de bien dire, qui feront beaucoup de plaisir aux parties intéressées, et dont le résultat innocent sera de confier la punition d'un acte arbitraire au ministre qui l'a permis ou ordonné.

ARTICLE 5.

Autant vous devez être complaisant envers les dépositaires du pouvoir lorsqu'il s'agit d'un monopole à conserver, d'un nouvel impôt à consentir au moment même, autant vous devez montrer d'indépendance lorsqu'il ne faudra que faire des vœux pour leur suppression future. Dieu vous a donné la libre disposition du présent, mais vous devez respecter l'avenir, qui de tous les siècles a appartenu aux peuples.

2.me *Section*.

Députés de Scrutin.

ARTICLE PREMIER.

En fait de pétition, ce n'est pas le renvoi, mais la discussion qu'il importe d'empêcher ; elle seule peut être dangereuse.

ARTICLE 2.

Aussi est-il sage de ne pas demander

l'ordre du jour lorsque l'on ne veut pas entendre ceux qui pourraient s'y opposer. Un renvoi au ministre est une chose si peu importante et d'un effet si minime, que vous devez être toujours suffisamment éclairé pour le voter.

ARTICLE 3.

La chambre de M. de Villèle, dont j'ai eu l'honneur de faire partie, commettait une grande faute en rejetant continuellement les réclamations qui lui étaient adressées et qu'elle désapprouvait; car elle ne décourageait pas les pétitionnaires qui espéraient être plus heureux l'année suivante ou après de nouvelles élections. Soyez mieux avisés en accueillant toutes les plaintes, et vous dégoûterez bientôt les réclamans de vous en ennuyer, lorsqu'ils s'apercevront que vous n'y pouvez rien, et que les ministres n'ont aucun égard à votre intercession.

CHAPITRE V.

LE BUDGET.

Cras, cras
(S. Augustin.)
Demain, demain.

Première Section.

Députés de Tribune.

ARTICLE PREMIER.

Tous les projets de lois qui sont présentés à MM. les députés sont soumis à trois épreuves différentes : d'abord, la discussion générale sur l'ensemble ; ensuite, la discussion particulière sur les articles ; et enfin, la mise aux voix pour l'adoption ou le rejet.

Dans les cas ordinaires, ces diverses opérations se lient entre elles, et la dernière est la conséquence logique des deux autres. Mais il n'en est pas de même pour le budget : alors elles forment trois périodes essentiellement distinctes, et qu'il est très important de ne pas confondre.

ARTICLE 2.

Un homme habile trouvera dans ces derniers travaux de la session l'occasion précieuse de se remettre bien avec tout le monde, en accordant à

chacun ce qui lui plaît davantage :
aux contribuables de belles phrases
sur leurs infortunes, et aux ministres,
des boules blanches dans l'urne législative.

ARTICLE 3.

C'est assez dire que la discussion générale appartient tout entière au peuple, et qu'on y doit fidèlement prêcher des économies nombreuses, la réforme des abus, et l'emploi de tous les moyens qui peuvent rendre la vie au commerce, secourir les propriétaires malheureux, et assurer à notre pays une position florissante et élevée.

ARTICLE 4.

Il faut que, pendant une semaine entière, la France soit l'état du globe où l'on enseigne les plus belles doctrines de liberté et de vertus publiques. Professez tous à l'envi les sentimens les plus nobles et les plus désintéressés; que les électeurs ravis se rappellent un instant vos professions d'autrefois et se croient encore aux beaux jours de votre candidature. Si quelque péché salit votre conscience, confessez-vous-en avec componction; c'est le jubilé politique où un religieux député gagne tous les ans ses indulgences plénières.

ARTICLE 5.

La discussion particulière sur les articles est la transition naturelle entre la discussion générale et le vote : c'est la ligne de perspective dont les peintres se servent pour joindre le ciel à la terre.

ARTICLE 6.

Le budget, qui au premier coup d'œil paraissait si énorme, doit devenir moins effrayant, à mesure qu'on l'examine de plus près; c'est l'effet ordinaire des grandes choses humaines : il n'en est point avec lesquelles le temps ne parvienne à nous familiariser. D'ailleurs, ce serait mal traiter une question que de ne l'envisager que sous une face, et le moment est arrivé de changer de point de vue.

ARTICLE 7.

Des économies sont sans doute des choses fort belles et fort désirables, mais elles ne doivent pas être faites aux dépens de la reconnaissance ou de l'honneur. Ici, des services rendus demandent une noble récompense; là on doit faire respecter la gloire de notre pavillon; partout la dignité de la France exige que ses fonctionnaires soient rétribués d'une manière digne d'une grande nation. Toutes ces considérations, quelque décisives qu'elles soient, sont pourtant si pénibles pour le cœur d'un député, qu'il ne doit jamais voter les dépenses, qu'à la condition qu'elles seront supprimées dans le prochain budget.

ARTICLE 8.

Ne craignez pas que vos promesses si souvent démenties finissent par ne plus trouver de créance auprès du peuple. Vos actes pourront à la longue lui enlever sa fortune, ses droits et sa liberté, mais jamais les vertus théologales de foi et d'espérance.

ARTICLE 9.

Pour ménager votre transition, il

est bien de parler par aventure contre une allocation particulière; mais alors il faut éviter l'accident qui se présente trop souvent, faute de vous entendre, c'est qu'après une discussion où trente orateurs environ ont combattu un article, le scrutin ne donne qu'une dizaine de boules noires.

ARTICLE 10.

Mieux encore : que chaque député propose une très forte réduction, mais toujours sur un objet différent de celui de ses confrères. De cette manière, il n'y aura jamais qu'une voix pour tous les amendemens, et chacun aura l'honneur d'avoir proposé une économie considérable.

C'est ainsi qu'un budget reste intact au milieu d'une immense majorité qui voulait le diminuer de moitié.

ARTICLE 11.

Gardez-vous, dans la discussion particulière, de traiter les sujets qui vous sont entièrement étrangers. Laissez le militaire parler artillerie; le chimiste, salpêtre; le diplomate, politique étrangère : laissez le financier discuter les chiffres et la rente. Sinon, vous vous exposeriez à ressembler à ce procureur, qui ne voyait rien d'intéressant dans le roman de *Cléopâtre* que les nullités du mariage d'Élise avec Artaban.

ARTICLE 12.

Le meilleur expédient pour ne rien dire contre le budget, c'est de parler de toute autre chose.

ARTICLE 13.

Il me sera plus facile de faire comprendre la manière dont on doit se montrer dans les discussions générales et particulières, en me servant du moyen que j'ai employé pour les professions de foi, c'est-à-dire en joignant l'exemple au précepte. (*Voyez* page 69.)

Quant à la troisième épreuve du

budget, elle appartient plus particulièrement à la section suivante.

2ᵐᵉ Section.

Députés de Scrutin.

> Qui dat patri dat filio; qui dat filio non dat patri. (VALERIUS.)
>
> Celui qui donne au père donne au fils, mais celui qui donne au fils ne donne pas au père.

ARTICLE PREMIER.

Le siècle doit aller devant lui et ne jamais s'arrêter dans sa course ascendante ; et si le commerce languit, si l'industrie recule de fatigue, que du moins le budget conserve toujours sa marche progressive.

ARTICLE 2.

Un député qui vote contre le budget, vote en même temps contre ses pensions, ses émolumens et ses gratifications.

ARTICLE 3.

Souvenez-vous de l'apologue de Menenius Agrippa sur le Mont-Sacré, et ne refusez pas à l'estomac l'abondante nourriture dont une partie est destinée à vous communiquer la force et la vie.

ARTICLE 4.

Si jamais MM. les députés trouvaient le moyen de faire leur fortune tout en allégeant le sort des contribuables, nous serions les premiers à leur conseiller de mettre les intérêts du peuple d'accord avec le leur; mais tant que cela sera reconnu impossible, nous croyons qu'il est injuste d'exiger qu'ils se dépouillent de ce qu'ils possèdent, et qu'ils en déshéritent leurs enfans, pour diminuer la misère de quelques millions d'hommes qu'ils ne connaissent pas.

Vous êtes père avant d'être député;

et les droits de la nature sont les plus sacrés de tous.

ARTICLE 5.

Quoiqu'il y ait de bonnes raisons pour agréer toutes les dépenses, il en est deux cependant que vous devez voter avec encore plus d'exactitude, s'il est possible, et où le moindre retranchement serait une faute : c'est l'allocation des fonds secrets et le budget ecclésiastique ; l'allocation, parce que les contribuables ne savent jamais à qui elle est distribuée ; le budget du clergé, parce qu'il empêche que les fonds secrets ne soient entièrement absorbés.

ARTICLE 6.

Lorsque je dis que le budget doit être respecté religieusement, je n'entends pas parler de quelques centaines de mille francs çà et là, que les ministres sacrifient d'avance, ni de ces légères rognures dans les hauts traitemens, que l'on remplace avec avantage par la suppression d'une cinquantaine d'employés subalternes.

ARTICLE 7.

Souvenez-vous aussi que les plus grands ennemis de vos patrons n'étant pas ceux qui combattent leurs actes, mais bien ceux qui convoitent leurs portefeuilles, il est utile quelquefois de frapper les hommes qui partagent les doctrines des ministres, mais qui voudraient en faire eux-mêmes l'application.

La suppression du crédit supplémentaire votée, cette session, par le centre gauche et le centre droit, est un acte de haute politique qui doit vous servir d'exemple.

ARTICLE 8.

On ne rejette jamais une économie ou une réduction, on l'ajourne seulement.

TITRE SECOND.

Relations Diverses.

CHAPITRE PREMIER.

LE ROI.

Rendez à César ce qui appartient à César

Première Section.

Exposé des Motifs.

D'après les lois de notre gouvernement représentatif, la personne royale est placée si haut, et tellement à l'abri de tous les orages politiques, qu'elle demeure désintéressée dans la plupart des questions que nous agitons avec tant d'importance. Maître de tous les honneurs et de toutes les richesses, le monarque ne voit qu'un seul bien que la naissance ne lui a pas donné, et qui lui reste à conquérir, c'est l'amour des sujets; et ce bien est le désir de sa vie entière, le but de tous ses travaux. Quelque peine qu'on ait prise dès ses jeunes années pour lui cacher la vérité, il parvient ordinairement à savoir que les peuples n'aiment que les princes qui les rendent heureux, soit en allégeant le fardeau des taxes publiques, soit en réprimant la concussion des ministres, soit en faisant rendre à tous une bonne et impartiale justice.

L'intérêt, l'unique intérêt du roi est donc en opposition perpétuelle avec le vôtre et se confond toujours avec celui de ses sujets. Cet ennemi puissant est le plus redoutable de tous, car il veille sans cesse sur vos actions, et sans cesse avec le pouvoir de les juger. Les électeurs ressemblent à l'abeille qui n'a qu'un aiguillon, et qui meurt après avoir blessé son ennemi. Lorsque vous avez surpris leur vote, il ne leur reste plus que le droit contesté d'éloge ou de blâme; et la récompense est aussi vaine que le châtiment. Mais le monarque ne se dépouille jamais de ses armes, et sa colère est aussi terrible que sa faveur est désirable : voilà le côté fort de cet adversaire. Heureusement nous trouverons aussi un défaut dans sa cuirasse ; et c'est pour vous le faire connaître, honorables lecteurs, que j'ai écrit ce chapitre. Il est vrai, comme nous l'avons dit, que les rois veulent toujours le bonheur de leurs peuples, et que par conséquent ils font cause commune avec eux ; mais il est vrai aussi qu'ils sont les seuls à la cour de leur parti, et que la distance qui les sépare de leurs alliés est si grande, les issues si bien fermées, que la jonction de vos deux ennemis est presque impossible.

Dans sa position isolée, le chef de l'état est obligé, pour agir, d'employer les bras de ceux qui l'entourent, comme pour voir et entendre, d'emprunter les yeux et les oreilles des courtisans : c'est assez dire avec quelle fidélité il est servi par de tels organes. Ces messieurs, qui connaissent le faible de leur maître, le flattent avec adresse en lui demandant au nom du peuple ce qu'eux seuls ont intérêt à obtenir, ou en se servant du même moyen, pour faire rejeter ce qui nuit et ne peut nuire qu'à eux seuls. Faut-il conserver un monopole, on parle au roi de ses nombreux et fidèles sujets qui y sont employés, et que la suppression réduirait à la misère; veut-on s'enrichir d'une nouvelle dotation, on lui dit que la fortune seule peut donner aux représentans du peuple l'indépendance qui leur est nécessaire; et en y consentant, il croit accorder à ses sujets des juges impartiaux et des défenseurs libres, lorsqu'il est doublement dupe de ses conseillers et de son cœur paternel. D'après ces principes, il est facile de deviner que c'est à travers des prismes aussi menteurs qu'on lui fait voir les hommes que l'on aime, ou ceux que l'on veut éloigner des affaires. Ah! combien de choses curieuses il se verrait, si un rapprochement impossible s'effectuait jamais! Que l'étonnement du vulgaire serait grand, s'il découvrait alors que son prince ne déteste certains hommes que parce qu'il leur suppose les opinions de ses courtisans, et qu'il n'aime ses courtisans que parce qu'il leur croit les vertus et les sentimens populaires des premiers! Heureusement pour nous, rien ne paraît annoncer une révolution aussi désastreuse; tout même porte à croire que, grâces à vos conseils et à votre sagesse, vous pourrez longtemps encore exploiter à votre profit, et la sotte crédulité du peuple, et la loyale confiance du monarque.

2me Section.

Corollaires pratiques.

ARTICLE PREMIER.

Pour plaire au monarque, il faut agir et penser de la manière qui lui déplaît le plus.

ARTICLE 2.

Votre plus beau titre, auprès des

gens de la cour, est d'avoir le droit de voter des impôts ; aux yeux du roi, c'est d'avoir celui de les refuser. Mais ce n'est qu'en augmentant le budget que vous aurez l'honneur de le réduire.

ARTICLE 3.

Il est tout-à-fait imparlementaire de se servir du nom du roi pour appuyer un argument quelconque; il faut dire *une personne auguste*, ce qui revient au même et sauve toutes les convenances.

ARTICLE 4.

D'après une autre convention parlementaire, le député le plus honnête homme et le plus consciencieux est celui qui, hors de propos, fait le plus de protestations de fidélité et de dévouement à la personne royale.

ARTICLE 5.

Comme il est nécessaire de laisser ignorer aux Français les sentimens de sympathie qui les unissent avec le souverain, ne parlez jamais en faveur des libertés publiques, sans faire auparavant profession de respect et d'amour pour le prince : cette précaution oratoire fera penser que vous allez dire quelque chose de désagréable pour lui.

ARTICLE 6.

Le nom respectable du roi à la Chambre ressemble, sous un certain rapport, à une injure dans la bouche des dames de la halle : c'est une arme qui sert et qui appartient à celui qui s'en empare le premier.

ARTICLE 7.

On a voulu faire un crime à quelques députés de recevoir une pension des mains d'une personne auguste; il me semble qu'il faudrait plutôt les louer de puiser dans la cassette royale, à la décharge de celle des contribuables.

ARTICLE 8.

A ce sujet, je citerai la répartie pleine d'esprit d'un honorable à qui on adressait un blâme aussi mal fondé : « Vous prétendez qu'on nous achète, répondit-il, tant mieux; cela prouve que nous valons quelque chose. »

AVIS.

Qu'on ne me reproche pas d'avoir à peine ici effleuré la matière; je lui ai donné tous les développemens dont elle est susceptible dans un ouvrage où est son véritable siége, puisqu'il est intitulé : *La Charte des ministres et des pairs de France.*

CHAPITRE II.

LES MINISTRES.

Dixit Dominus domino meo, sede a dextris meis.
(*Lib. Psalm.*)
Le Seigneur a dit à monseigneur, asseyez-vous a ma droite.

Première Section.

Exposé des motifs.

Quoniam zelus domûs tuæ comedit me.
(*Psalm.* 58, *v.* 10)
Parce que le zèle de ta maison me devore

Il est des hommes d'un haut mérite qui, après avoir étudié à fond toutes les lois du pays, après avoir sondé toutes les plaies, compris parfaitement sa position, ses besoins et tout ce qu'il est nécessaire d'abolir et de créer pour la prospérité générale, ont acquis en même temps la triste conviction qu'ils sont les seuls capables de faire disparaître les abus, et de les remplacer par d'utiles institutions. Dès lors, ils abandonnent leur paisible cabinet de province qui était si cher à leur amour désintéressé de l'étude; ils s'arrachent à la douce obscurité qui plaisait tant à leur modestie; ils renoncent même à cette médiocrité de fortune où ils savent que les philosophes placent le vrai bonheur; et tous ces sacrifices, pour obéir à la voix de la patrie et de la conscience qui réclament hautement le tribut de leur haute sagesse. Un zèle si louable, et mûri pendant de longues années, ne peut être arrêté par aucun obstacle. Le prince est-il prévenu contre eux par des ennemis du bien public, rien ne coûte pour le désabuser. Le peuple, ignorant leurs bonnes intentions, repousse-t-il lui-même les hommes qui doivent le rendre heureux, ils font comme les habiles médecins qui ne se laissent point rebuter par les injures d'un malade, et qui continuent à le guérir malgré lui.

Enfin un patriotisme si persévérant parvient à aplanir toutes les difficultés, et à placer ceux qui en sont dévorés au poste périlleux auquel ils s'étaient dévoués dans l'unique intérêt de la nation et du trône. C'est là que leur ardeur de bien faire prend, s'il est possible, une nouvelle force; et qu'aidés par une expérience consommée et des talens du premier ordre, ils ne font aucune action, aucun discours, aucun mouvement même, qui ne se rapporte à la chose publique et au salut de l'état.

Telle est l'histoire fidèle de tous les ministres présens et à venir, ou du moins telle est celle qu'ils racontent eux-mêmes, et à laquelle vous devez croire aveuglément. Vous devez y croire, parce que vous avez trop de franchise pour soupçonner qui que ce soit de mensonge, et trop de conscience pour vouloir servir des ambitieux qui ne verraient dans une place élevée qu'une fortune à faire, et des honneurs à acquérir. Dans la *Charte des ministres*, j'examinerai peut-être de nouveau cette question avec eux; mais, quant à présent, il vous importe de croire à la loyauté, à la bonne volonté et au désintéressement des agens du pouvoir.

Après ce que nous venons de dire, on conçoit que les ministres, qui sentent si bien quels graves dangers courrait le pays, s'ils venaient à abandonner la direction des affaires, repoussent avec courage tout ce qui menace, le moins du monde, de priver la France du bonheur qu'elle goûte, et de celui plus grand encore qu'on lui prépare. Mais, comme il est difficile d'être un fervent dévot sans tomber quelquefois dans le fanatisme, il arrive aussi que Messieurs du portefeuille poussent jusqu'à l'exagération des principes fort honorables, et qu'oubliant combien furent injustes ceux qui les repoussèrent, ils écartent, avec plus de soin encore, les hommes qui se présentent avec le même zèle et les mêmes convictions.

Si, par hasard, vous brûliez aussi de la pure et noble ambition de sauver la patrie, et d'y ramener le règne de l'âge d'or, cachez cet innocent projet avec autant de soin que la préméditation la plus criminelle. Vous connaissez l'anecdote racontée par Paul Courier.

M. de Marchangy, nommé député, mais non encore admis à la Chambre, se trouvait un jour chez M. de Peyronnet, alors garde-des-sceaux. L'avocat-général, qui se sentait appelé à rendre à l'état des services plus signalés que ceux qui lui étaient permis à la Cour de cassation, examinait l'hôtel de la chancellerie en homme prudent, qui veut s'assurer d'avance si la maison qu'il va habiter présente toutes les commodités désirables. Jusque-là, c'était fort bien ; mais le jeune magistrat n'a-t-il pas l'imprudence de faire part à son hôte du fruit de ses observations, et de remarquer qu'à la place du ministre actuel, il ferait changer l'escalier, percer une porte, ouvrir une fenêtre, etc. M. de Peyronnet approuva tout, et probablement profita-t-il de ces beaux plans d'architecture ;

mais le hasard voulut que, quelques jours après, on trouva, dans l'élection de M. de Marchangy, une petite nullité qu'en conscience on fut obligé de révéler.

2ᵐᵉ Section.

Corollaires pratiques.

> L'état, c'est moi. (Louis XIV)
>
> Sigillatim mortales, cunctim perpetui
> (Apuleius, *de deo Socratis*)
> Les ministres sont mortels, le ministère est impérissable

ARTICLE PREMIER.

La meilleure recommandation auprès des ministres pour obtenir de l'avancement, c'est de n'avoir aucun mérite d'esprit; celle qui vient ensuite est de *jouir* d'une réputation douteuse. Leur amour-propre est trop aveugle pour croire qu'on puisse parvenir au portefeuille sans talens ou sans vertus.

ARTICLE 2.

Un député qui veut s'élever, et qui a du mérite, doit donc ou le cacher ou l'avilir. Un homme de bien et de génie fait trop de peur, pour que l'on ne redoute pas jusqu'aux services que l'on en reçoit.

ARTICLE 3.

Mettez-vous si bas par votre caractère, qu'on ne craigne plus la hauteur de votre talent.

ARTICLE 4.

Un honorable qui connaît l'art de se faire valoir, ne se prononce jamais positivement ni contre le gouvernement, ni en sa faveur. Sans quoi, on penserait dans les deux cas qu'il est inutile de tenter sa conquête.

ARTICLE 5.

Deux plateaux de balance sont également chargés d'or, et restent suspendus; une petite pièce de cuivre est jetée dans l'un d'eux, et elle suffit pour rompre l'équilibre. Cherchez ainsi, dans toutes les délibérations, non à peser beaucoup, mais à déterminer la majorité par votre vote. On fera plus d'honneur à la petite pièce de cuivre qu'au monceau d'or sur lequel elle s'est placée.

ARTICLE 6.

Il arrive souvent qu'on vote pour le ministère en ne votant pas du tout. C'est une occasion précieuse dont il faut toujours profiter.

ARTICLE 7.

Il est d'honnêtes provinciaux qui croient, dans leur simplicité, que, lorsque les ministres accordent, à leur sollicitation, un emploi, de l'avancement ou une pension, c'est que les personnes qu'ils recommandent ont des droits à ces faveurs; et ils s'imaginent par là ne diminuer en rien le crédit qu'ils ont pour eux-mêmes : ils se trompent grandement. On calcule la valeur d'un député; on estime que ses services seront raisonnablement payés par un certain nombre de grâces, et on les lui livre dès qu'il les demande : tant pis pour lui, s'il transporte sa créance à d'autres.

ARTICLE 8.

Demandez rarement un changement de cabinet. Celui qui vous a déjà donné pour vos anciens services, sera obligé de vous donner encore pour ceux que vous lui rendrez par la suite; mais un ministère nouveau croira assez vous payer, en vous laissant ce que vous avez reçu de son prédécesseur.

ARTICLE 9.

Cependant, souvenez-vous que les habitans du Congo tuent les malades qu'ils imaginent ne pouvoir en revenir, pour leur épargner, disent-ils, les douleurs de l'agonie.

ARTICLE 10.

Vous ne devez jamais vous apercevoir des imperfections d'un ministre, que lorsque sa place est la première devant la vôtre, ou lorsqu'il est sur le point de la quitter. En ce dernier cas, c'est celui qui est près de lui succéder qui hérite de votre admiration et de votre confiance.

ARTICLE 11.

Lorsque vous vous trouverez dans une position telle que le portefeuille seul sera une ambition digne de vous, cessez de servir des hommes qui ne voudront ni ne pourront plus vous récompenser.

ARTICLE 12.

Quiconque, d'après Chardin, tue le

roi de Sumatra est élu roi à sa place. Il en est de même à la Chambre quant aux ministres.

ARTICLE 13.

En bonne politique, l'étourdi donne le coup de dent du lion, l'homme sage, le coup de pied de l'âne.

CHAPITRE III.

LE PEUPLE.

> Je viens avec mon grand fusil
> De tuer les ennemis
> (Odry.)

ARTICLE PREMIER.

Le roi regarde comme rendus à lui-même les honneurs que reçoivent ses ministres dans les cours étrangères; de même le peuple doit être reconnaissant des grâces qui lui sont accordées en la personne de ses mandataires.

ARTICLE 2.

Un député doit à tous les contribuables politesse et amabilité. Hors du Palais-Bourbon, qu'il soit l'homme du monde le plus ami des économies, des droits des citoyens et des libertés publiques.

ARTICLE 3.

Lorsque, après la session, il retournera dans son département, il visitera les principaux électeurs, et s'entretiendra longuement avec eux des intérêts du pays; c'est là qu'il faut se ressouvenir de tout ce qu'on a oublié de dire à la tribune.

ARTICLE 4.

Si l'on vous offre un banquet en réjouissance de votre heureux retour, gardez-vous d'en faire publier les détails par tous les journaux de la capitale. Il est inutile que la France entière sache que vous avez fait de bons dîners chez les électeurs après en avoir fait de meilleurs chez les ministres, et il est ridicule de faire lire à des gens à jeun des choses que vous n'avez dites qu'après le Champagne.

ARTICLE 5.

En pareille occasion, il est d'usage de porter un toast au héros de la fête qui, à son tour, répond par une harangue. MM. les provinciaux, qui en entendent rarement, désirent qu'elle soit longue et surtout improvisée : apprenez d'avance votre discours, et si votre mauvaise mémoire ne vous permet pas d'en retenir un bien long, ou si elle vous trahissait dans le moment de l'action, portez aussitôt la main sur votre cœur, et dites qu'il est trop ému pour vous permettre de continuer. La sensibilité fait toujours fort bien à une certaine période d'un banquet.

ARTICLE 6.

Voilà tout ce que vous devez au peuple : c'est une duperie de prendre davantage ses intérêts. S'il venait à s'emparer du pouvoir, il vous dirait, avec raison, qu'en accomplissant fidèlement votre mandat, vous n'avez fait que votre devoir, et qu'il ne vous doit aucune reconnaissance; mais les ministres ne pourront jamais vous faire une telle réponse.

CHAPITRE IV.

Quelques Mots
DU STYLE PARLEMENTAIRE.

> Il n'y a point de mots assez parfaitement synonymes pour avoir, dans toutes sortes d'occasions, une force de signification entièrement semblable.
> (*L'abbé* GIRARD)

Concessions.

ARTICLE PREMIER.

Dans le langage ordinaire, on dit

qu'un homme fait une concession, lorsqu'il abandonne une chose qui lui appartient, ou qu'il cède quelques uns de ses priviléges. En style parlementaire, les ministres font une concession, lorsqu'ils accordent à la nation un faible exercice de ses droits ; les députés en font une, lorsqu'ils consentent à laisser peser sur le peuple un monopole injuste, un impôt écrasant ou une loi d'arbitraire.

ARTICLE 2.

Une concession n'est jamais faite par la Chambre à titre onéreux ; car, si elle sacrifie une partie de la fortune ou de la liberté des contribuables, c'est toujours en échange d'une belle promesse ou d'un brillant discours du ministère.

>—<

Le Budget.

ARTICLE UNIQUE.

C'est un mauvais sujet de neveu que l'on gronde, mais que l'on reçoit toujours.

>—<

La Charte.

ARTICLE UNIQUE.

Il n'est pas un seul membre qui, interpelé à la tribune, se refuse à faire une longue protestation d'amour pour le pacte constitutionnel, et qui ne dise comme le général Foy : *Je veux la Charte, toute la Charte, rien que la Charte.*

D'où vient cependant qu'il y a un côté droit, un centre droit, un côté gauche, un centre gauche et même des députés qui ne sont d'aucuns côtés?... Je n'en sais rien.

L'Argent.

ARTICLE PREMIER.

L'argent, en style parlementaire, est une chose que l'on dédaigne souverainement. Il est tellement convenu, à la tribune, qu'un député ne l'aime pas, que celui qui touche les plus gros émolumens, et qui cumule les plus nombreuses sinécures, peut, fort sérieusement et sans être interrompu, parler de son désintéressement et de son mépris pour les richesses.

ARTICLE 2.

Il faut traiter ce vil métal comme une maîtresse prise en bas lieu, que l'on aime en secret, mais que l'on désavoue en public.

Costume.

ARTICLE UNIQUE.

Le costume nécessaire pour parler ne l'est pas pour voter, sans doute parce que la première action est plus importante que la seconde.

~~~

Indépendance.

ARTICLE UNIQUE.

On dit qu'une Chambre est indépendante, lorsque, composée en majeure partie de généraux, préfets, directeurs et fonctionnaires de toute espèce, elle met un mois entier à décider si cette majorité touchera ses appointemens l'année suivante.

~~~

Honorable.

ARTICLE UNIQUE.

Dans le monde, le mot *honorable*

ne convient qu'aux hommes qui, par une sage conduite et l'intégrité de leurs principes, méritent l'estime et le respect; mais à la Chambre, il s'applique à tous les députés.

TITRE III.

Modèles DE DIFFÉRENS DISCOURS.

CHAPITRE PREMIER.

Premier Discours.

Projet de Loi.

ARTICLE UNIQUE.

« Une rente de cinq millions, au capital de cent millions, sera affectée au traitement des Députés. »

Messieurs,

Lorsque les enfans de Noé sortirent de l'arche, leur premier soin fut d'éviter pour l'avenir les dangers d'un nouveau déluge, et ils construisirent la tour de Babel : de même les Français, victimes, pendant de longues années, de tous les excès de l'anarchie et du despotisme, ont accueilli avec faveur le projet d'une assemblée délibérante, où tous les intérêts seraient représentés, et où seraient réunis les hommes les plus honorables par leur fortune et les plus respectables par leur âge. Fatigués de trente années d'arbitraire et de troubles, nous demandions alors à vivre en repos sous le régime tutélaire des lois et de l'égalité, nous voulions que chaque citoyen pût agir, écrire et parler aussi librement que l'état de la société peut le permettre;....

UNE VOIX.

A la question!

L'ORATEUR.

Messieurs, on est toujours à la question lorsqu'on parle du bonheur de la France.

(Applaudissemens.)

Nous espérions que le commerce serait protégé, et que les agens du pouvoir sauraient comprendre que c'est dans cette source féconde de richesses que consiste la vraie prospérité des états (Bien! bien!). Mais je vous le demande, messieurs, tous ces vœux ont-ils été exaucés, toutes ces espérances ont-elles été réalisées? N'aurait-on pas plutôt méconnu nos droits et rejeté nos plaintes les plus justes? Les nombreux ministères qui se sont succédé n'ont-ils pas été chercher leurs influences loin des régions habitées par la majorité des Français? Je laisse à vos consciences de répondre à ces questions, et je pense que, comme moi, vous gémirez des fautes qui ont été commises.

Il est vrai que les ministres actuels sont pleins de loyauté et d'attachement pour notre pacte constitutionnel. Nous ne saurions trop les encourager à marcher dans la voie des améliorations qu'ils se sont ouverte. Nous n'ignorons pas qu'ils sont gênés par un fâcheux héritage et par des obstacles sans cesse renaissans; mais nous savons aussi qu'avec les talens qu'on ne peut leur contester, les bons sentimens qui les animent (Applaudissemens aux deux centres.), et surtout l'appui d'une Chambre forte, d'une Chambre attachée à la Charte et au trône (approbation bruyante dans toutes les parties de la salle), il n'est rien dont ils ne puissent triompher.

Ces hautes considérations de liberté et d'égalité nous amènent naturellement à la loi qui nous est présentée. En effet, messieurs, lorsque, l'année dernière, vous avez accordé à la pairie une dotation suffisante pour rehausser son éclat et la mettre à l'abri des séductions du pouvoir, vous avez fait un grand pas vers la perfection de notre système représentatif, et vous avez prouvé qu'aucun sacrifice à imposer aux contribuables ne vous coûtait, lorsqu'il fallait donner à la nation une aristocratie légale et constitutionnelle.

(Applaudissemens au centre gauche)

Vous avez fait cesser la déplorable anomalie d'un noble duc contraint d'aller à pied pour vaquer aux affaires de la France, tandis qu'un obscur négociant monte en carrosse pour veiller à ses intérêts privés. Vous avez compris que rien ne distinguerait un pair du royaume du dernier des citoyens, si tous les deux étaient vêtus, nourris et logés de la même manière. Les esprits d'un ordre supérieur ont senti de plus qu'il convenait de faire aimer le système représentatif à ceux qui avaient conservé pour lui une espèce d'éloignement. Leur habile prévoyance a été pleinement justifiée, et si l'on proposait aujourd'hui de rétrograder d'un demi-siècle, et de déchirer le code de nos libertés, il n'y aurait pas de haute seigneurie qui voulût abandonner son siége législatif, ses traitemens, ses pensions, ses indemnités légales, pour la moitié des mêmes émolumens donnés par le bon plaisir : ils préféreraient tous la loi à l'arbitraire.

Ces motifs et bien d'autres qu'il est inutile de vous développer, s'appliquent au cas de la loi actuelle. Le pouvoir législatif ne se compose pas d'une seule branche ; les députés ont besoin aussi d'éclat et d'indépendance ; et ce serait aller contre toutes les règles de l'équité que de leur refuser les avantages que l'on a accordés aux pairs du royaume. En présentant le projet qui est en discussion, le ministère a donc rempli une véritable lacune dans la législation, et mérité les éloges des amis désintéressés du régime de l'égalité. Nous représentons ici la nation entière, et combien devra-t-elle s'enorgueillir de voir ses mandataires jouir d'une opulence qui sera la sienne? Son honneur est intéressé à ce que nous soyons revêtus d'une splendeur et d'une considération dignes d'elle. On a parlé de ne chercher ce lustre que dans les vertus et les talens ; mais les vertus et les talens sont dans le domaine public, d'où il nous est impossible de les distraire par une loi, et si le pair de France ou le député n'ont ni équipage, ni hôtel, ni cuisinier, quelle différence trouvera-t-on entre eux et le premier prolétaire à qui la nature aura donné du génie, ou qui voudra être honnête homme?

Il est vrai, messieurs, que cette dotation va imposer de nouveaux sacrifices aux contribuables, et que l'état languissant de l'industrie, celui plus misérable encore de l'agriculture, doivent nous faire une loi de refuser toutes les charges qu'on voudrait faire peser sur les commettans, quelque louable qu'en soit la cause. Aussi je suis décidé, et je ne crains pas de le déclarer hautement aux ministres, à refuser dorénavant toutes les dépenses qui seraient proposées. Nous avons été envoyés ici, non pour dilapider, mais pour conserver la fortune de nos mandans. Il ne nous appartient pas de disposer de la sueur des peuples, et nous devons rappeler sans cesse à ceux qui voudraient prodiguer les trésors de l'état, qu'ils renferment le fruit des larmes, des fatigues excessives et des plus dures privations. J'ai entendu dernièrement des orateurs oser demander des sommes, légères à la vérité, pour solder l'arriéré de la légion d'honneur, et pour soulager de vieux militaires qui meurent de faim. Je profiterai de cette occasion pour leur répondre : Messieurs, dans la situation de nos finances, toute augmentation d'impôt est considérable, et s'il est beau de tirer quelques hommes de la misère, ce n'est pas en y plongeant un nombre cent fois plus considérable.

En conséquence, et persuadé que le ministère entrera franchement dans la route des économies (Applaudissemens à gauche.), je vote pour le projet de loi.

CHAPITRE II.

Deuxième Discours.

Pour la discussion générale du Budget de 1830, 1831, etc.

Messieurs,

Depuis seize ans (*ou dix-sept, ou dix-huit, ou dix-neuf, selon l'époque*), cette tribune retentit de nos plaintes contre l'énormité du budget, les dilapidations des agens du pouvoir, et la superfluité des dépenses. A Chaque session nous employons les prières et les menaces pour engager le ministère à réformer les abus d'un système financier qui dévore la substance des peuples et paralyse toute industrie. Mais nos accens se perdent dans le vague, et, comme le canon des réjouissances, notre voix brille et tonne sans frapper aucun ennemi. Il est temps enfin de choisir une arme moins impuissante, et de faire succéder le règne de la sévérité à celui de la tolérance.

(Applaudissemens à gauche.)

Un budget de deux milliards (de trois ou de quatre, etc., selon l'année), levé sur des commerçans ruinés, sur des propriétaires endettés, et sur des laboureurs qui manquent de pain! Cette pensée seule, messieurs, me fait reculer d'épouvante, en présence de l'urne fatale. Comment, ministres du trône, osez-vous nous demander la sanction d'une telle loi? Vous voulez jeter encore la fortune et le bien-être de nos commettans dans ce gouffre sans fond, que nos largesses, loin de combler, ne font qu'agrandir davantage! et c'est à nous, représentans d'un peuple qui souffre, que vous ne craignez pas d'en faire la proposition...! (Bruits divers.) Abandonnez une espérance trompeuse. Vous nous avez placés entre notre devoir et votre bienveillance, entre l'intérêt des contribuables et celui des rétribués, notre choix ne peut être incertain. (Redoublement d'applaudissemens au côté gauche.)

Cependant (aux deux centres Écoutez! écoutez!), l'impartialité et la justice nous font un devoir de reconnaître que le ministère n'a pas tout à fait négligé les sages avertissemens qui lui ont été donnés, l'année passée, et que sa conduite, à l'égard des crédits supplémentaires, est digne d'encouragement et d'éloges. Autrefois il se bornait à nous les soumettre lorsque la dette était déjà contractée et qu'il n'y avait plus moyen de la refuser : mais, dès la session dernière, il a compris que cette façon d'agir était peu constitutionnelle; et vous lui avez prouvé par vos boules blanches, qu'il n'est rien que vous refusiez lorsqu'on vous le demande légalement et au nom de la Charte. (Vive approbation au centre gauche.) Que les ministres continuent à manifester des sentimens aussi patriotiques que ceux que nous avons applaudis dans tous leurs discours; qu'ils continuent à nous présenter leurs lois de finances dans un ordre régulier; et ils verront que si nous votons des économies dans le budget en faveur des contribuables, nous savons accorder au gouvernement des crédits supplémentaires dix fois plus considérables, lorsqu'il faut récompenser sa docilité et ses bonnes intentions.

Aussi, de crainte que le ministère ne persistât pas dans son changement de conduite, s'il avait à craindre quelque mésaventure, je propose à la Chambre de ne refuser désormais aucun crédit supplémentaire, quelque énorme qu'il soit, pourvu qu'il nous soit soumis durant la session. (Approbation aux deux centres.)

C'est avec peine que je quitte à présent le langage de l'approbation, pour retourner à celui du blâme ; mais je ne puis m'empêcher de jeter encore une fois les yeux sur le chiffre immense du budget qui vous est demandé, et, quoi que je fasse, je ne saurais me familiariser avec un monstre aussi vorace (On rit.). J'aime à croire que messieurs les ministres éprouvent pour lui la même aversion que moi, et c'est ce qui me persuade qu'ils accueilleront les remontrances que nous ne cessons de leur adresser, et que désormais ils n'oseront plus s'offrir à nous avec un bagage aussi formidable. Oui, bientôt, grâces à leurs soins, les impôts seront anéantis, le commerce refleurira, les fonctionnaires publics seront les pères et non les tyrans de leurs

administrés; les lois seules règneront
avec autorité, et, si on y déroge jamais, ce sera pour adoucir ce qu'elles
peuvent renfermer de trop sévère, par
l'indulgence des magistrats et la clémence du monarque. Alors notre tâche sera douce, et nous ne monterons
plus à cette tribune que pour nous réjouir du bonheur, de la gloire et de la
prospérité de la France.

(Applaudissemens, trépignemens, acclamations
dans toutes les parties de la salle et même dans les
tribunes publiques.)

Ce sont les seules considérations qui
peuvent m'engager à voter encore cette
année les sommes énormes qu'exige le
service public. Nous comprenons d'ailleurs qu'une réduction considérable,
comme celle que nous souhaitons, ne

peut s'opérer qu'avec les ménagemens et le temps nécessaires; mais nous sommes fermement décidés, si nos vœux n'étaient pas exaucés l'année prochaine, à refuser toutes les allocations qui ne seraient pas mieux épurées.

(Approbations au centre gauche.)

Je vote pour le budget, en me réservant la faculté d'appuyer tous les amendemens qui me sembleront utiles au soulagement des contribuables.

(Applaudissemens presque unanimes.)

(Je ne donne ici que le fond des discours, et ce qu'il est essentiel qu'ils contiennent; mais à la Chambre il est d'usage de les entrecouper par de plus longues digressions sur des sujets étrangers à la question, et surtout par des tirades à effets sur la liberté, la Charte, la Grèce, etc. Je ne les ai pas répétées parce que tout le monde les sait par cœur, et qu'étant tombées depuis long-temps dans le domaine public, chacun peut s'en servir sans crainte de voler personne.

Les digressions ont l'avantage de détourner l'attention de l'objet principal, et les grands principes de politique ont celui plus précieux encore de dispenser l'orateur de parler des conséquences, et de descendre à l'application.)

CHAPITRE III.

Troisième Discours.

Pour la discussion particulière du Budget.

Messieurs,

Lorsque naguère je suis monté à cette tribune pour faire entendre aux ministres le langage sévère qui appartient à un loyal député, je le fesais avec la conviction intime que nos représentations seraient écoutées avec faveur par des hommes en qui nous reconnaissons un excellent esprit et des sentimens patriotiques (Applaudissemens au centre gauche.). Leurs promesses n'ont pas trompé mon attente, et vous les avez entendus, ici, nous donner l'assurance que désormais ils feront tous leurs efforts pour dégrever les contribuables et favoriser le commerce et l'agriculture. Honneur leur en soit rendu! et puissent-ils recevoir, pour récompense, l'estime des peuples (Approbation à gauche, une voix : C'est la plus honorable!) et les témoignages de satisfaction du monarque. (Applaudissemens à droite, un membre du même côté. Vive le roi!)

Nous nous empressons en même temps de reconnaître une erreur que nous avions commise, et dont un ministre nous a repris avec indulgence. Il a eu raison d'observer que le budget se compose d'un milliard et non de deux milliards, comme je l'avais dit, puisqu'il s'en faut de six millions au moins. Si l'exactitude du langage est essentielle en toute matière, elle l'est surtout lorsqu'il s'agit de chiffres.

A présent, j'aborderai franchement la discussion des articles, mais je déclare d'avance que je ne pourrai m'empêcher de blâmer toutes les dépenses qui ne me paraîtront pas strictement nécessaires.

(Applaudissemens a gauche)

(Dans la discussion particulière, on ne peut parler que sur une seule section à la fois. Quant à moi, afin d'éviter la longueur des préambules, j'ai réuni dans un seul discours tout ce qu'il y a d'essentiel à dire sur les différentes parties du budget.)

Affaires Ecclésiastiques.

Messieurs,

Le budget des affaires ecclésiastiques excède de dix millions le chiffre de l'année précédente. Un cri général de réprobation a accueilli cette augmentation soudaine, que la vivacité du premier mouvement ne nous a pas permis d'apprécier. Sans doute que le discours de M. le ministre est bien capable de nous faire changer d'opinion, mais je suis charmé qu'en ne le prononçant qu'après la discussion générale, il nous ait donné l'occasion de prouver à la France combien ses députés sont désireux d'économie, et, avec quelle défaveur ils reçoivent toutes les nouvelles demandes d'impôts.

Il nous eût été impossible de tenir le même langage, si nous eussions connu alors les motifs louables qui ont décidé le ministère. Une partie de l'excédant, nous a-t-on dit, est destiné à satisfaire à un vœu renouvelé toutes les sessions, et que des besoins plus pressans ont empêché d'exaucer plus tôt : c'est celui d'améliorer le sort des curés de campagne. Deux millions suffisent, il est vrai, à cette bonne œuvre ; mais, comme on vous l'a fait justement observer encore, il serait contre toutes les règles des convenances que les évêques et autres prélats, qui sont placés si haut dans la hiérarchie ecclésiastique, ne conservassent pas dans leurs traitemens la différence qui existe dans leur dignité; et à cet égard, je l'avoue, trois millions ne me paraissent pas un supplément exorbitant.

J'accorderai, avec plus de plaisir encore, les autres cinq millions, puisqu'ils ont pour objet d'assurer l'exécution de ces précieuses ordonnances qui ont donné, vous le savez tous, la tranquillité à la France, et qui ont préservé d'un bouleversement l'Europe entière, en détruisant l'ordre formidable des enfans d'Ignace, d'une manière aussi digne d'eux, c'est-à-dire aussi jésuitique.

Vous n'ignorez pas, messieurs, que si cette compagnie célèbre s'était introduite en France, c'était que les jeunes séminaristes ne recevaient point de l'État une éducation gratuite et particulière, et n'étaient pas obligés par la loi à porter la soutane. En accordant, dans le principe, des bourses à vingt mille lévites, vous avez voulu perpétuer le sacerdoce, et protéger, en vertu de la Charte, la religion de l'état. Mais les ministres ont été trompés par leurs désirs d'économie, et ils n'ont pas songé que la somme accordée n'assurait l'exécution que d'une partie des ordonnances; car, si elle suffisait pour nourrir, loger et instruire les jeunes élèves, elle n'était pas assez forte pour leur fournir des habits ecclésiastiques. D'une autre part, les champions de l'ultramontanisme n'ont pas cessé d'attaquer avec acharnement les doctrines conservatrices de l'église gallicane : il est urgent d'augmenter encore les forces de leurs antagonistes, et de porter le nombre des prêtres à cinquante mille.

Pour tant de beaux et utiles projets, je pense que cinq millions ne sont au-dessus de la nécessité que dans les mains d'un prélat aussi intègre qu'économe.

Si la situation de nos finances le permettait, je demanderais qu'il fût voté, en outre, une prime d'encouragement pour les ecclésiastiques qui suivraient à l'avenir les cours de théologie de la Sorbonne. Jusqu'à présent, la voix du professeur se perd dans une salle vide, *clamat in deserto*; et, vous devez le craindre, si les quatre articles ne sont pas adoptés par le clergé français, c'en est fait du trône et de la Charte. Je vote pour la section.

(Quelques murmures à droite, quelques marques d'hilarité à gauche, mais approbation bruyante aux deux centres.)

Instruction Publique.

(Former des vœux pour l'instruction primaire, demander le monopole de l'université, sous prétexte des jésuites, et proposer une réduction de cinq ou six cents francs sur l'ensemble de la section.)

Commerce.

(Demander qu'on donne à l'agriculture un ministre particulier, attendu les fruits immenses que le commerce a retirés d'une création semblable.)

Intérieur.

Messieurs,

Le ministre de l'intérieur a subi le sort commun, et il a souffert aussi de notre amour presque fanatique pour les améliorations. Dans l'examen de son budget, nous avons porté les mêmes préjugés et la même préoccupation qui nous avaient déjà rendus injustes envers ses confrères, et là, comme ailleurs, les contribuables ont pu applaudir aux nobles sentimens qui ont dicté notre blâme. Mais, si le moment de l'impartialité, qui arrive toujours chez les hommes de bonne foi, nous a fait abjurer une partie de nos erreurs, il est probable que M. le ministre de l'intérieur trouvera aussi dans cette Chambre la justice qu'il a demandée, et qu'il mérite par sa loyale confiance. Au risque d'être encore trop sévère, je vais donc examiner les diverses raisons qu'il a fait valoir, avec l'intention de les déclarer bonnes si elles me paraissaient telles, mais avec le désir secret de pouvoir, en les réfutant, persister dans mon premier vote de réduction et d'économie.

(Applaudissemens au centre gauche.)

Nous nous sommes d'abord récriés contre l'énormité des fonds secrets qui ont été reportés au taux de 1827, quoique, l'année passée, nous les ayons

réduits de deux cent mille francs.
Mais ici, je ne crains pas de déclarer
que j'ai été vaincu par les argumens
de M. le ministre, et je lui accorde que
c'est une économie et non un surcroît
de dépenses qu'il nous propose; car
si, à cause du retranchement opéré
dans la dernière session, il a été obligé
de nous demander un crédit supplémentaire d'un million, c'est huit cent
mille francs que nous gagnerons à laisser le chiffre dans toute son intégrité.
D'ailleurs, l'orateur du gouvernement
s'est exprimé à ce sujet avec tant d'éloquence et de sensibilité, que je ne
saurais conserver aucune méfiance
contre ses intentions. Il est impossible,
lorsqu'on parle si bien, de n'avoir pas
une âme aussi belle et aussi pure que

le langage. Cependant je demanderai, sur cet article, une réduction de cinq mille francs.

(Applaudissemens.)

Nous avons demandé des explications à M. le ministre sur sa négligence à présenter les nouvelles lois municipales et départementales qu'il nous avait promises après le retrait des premières. Si la réponse n'est pas aussi satisfaisante que nous l'aurions désirée, nous avouons qu'elle l'a disculpé, au moins, du reproche d'incurie qui lui a été adressé. « Les premiers projets nous
« avaient coûté deux années de travail,
« vous a-t-il dit, cependant vous les
« avez trouvés si imparfaits que nous
« avons été obligés de les retirer. Afin
« d'éviter le même désagrément pour

« les seconds, nous avons décidé d'y
« réfléchir pendant cinq ans, et ce dé-
« lai n'est, certes, pas trop long pour
« une semblable tâche. »

UNE VOIX à gauche.

Les ministres seront-ils encore en place à cette époque ?

(On rit.)

L'ORATEUR.

On me demande si les ministres seront encore en place à cette époque....

LE PRÉSIDENT.

Monsieur, parlez à la Chambre.

L'ORATEUR.

Puisque l'on me défend de répondre aux interrupteurs, je descendrai de cette tribune en déclarant que je désire, de toutes les forces de mon âme, la présentation des lois qui doivent mettre nos institutions en harmonie avec la Charte; mais je pense avoir fait assez bien mes preuves dans la discussion générale, pour m'être acquis le droit de rendre justice aux ministres lorsqu'ils le méritent, et j'opine que nous devons attendre, pour blâmer leur lenteur, d'avoir eu connaissance du fruit de leurs méditations.

Il serait possible que la perfection de l'ouvrage nous fît comprendre la nécessité d'un long travail. A ces causes, je vote pour le budget de l'intérieur.

Justice.

(Quelques phrases à propos des juges auditeurs. Sur le reste aucune observation, car tout y est pour le mieux.)

Guerre.

(Délibérer sur l'avantage d'avoir ou non des places fortes; indiquer aux étrangers de quelle manière ils doivent s'y prendre, en cas de guerre, pour pénétrer dans le cœur de la France; éviter, plus qu'on ne le fait, de parler des Suisses. Voter d'ailleurs sans restriction.)

※

Marine.

(Parler sur les bateaux à vapeur; prendre le parti des frégates contre les grands vaisseaux, ou *vice versâ*; revenir sans cesse sur la gloire immortelle de la bataille de Navarin; et voter le tout sans amendement.)

※

Finances.

Messieurs,

M. le ministre des finances vous a dit qu'il est impossible de descendre dans tous les détails de l'administration et de contrôler scrupuleusement les dépenses, sans un nombre de commis très considérable. Je suis charmé de pouvoir rassurer ma conscience par cette explication; car, s'il me répugnait de provoquer des destitutions, il m'était encore plus pénible de voir les fonds publics dévorés par cinquante-trois mille cinq cent quarante-sept employés. J'apprends avec plaisir que, loin de faire tort aux contribuables, cette classe nombreuse ne sert qu'à leur assurer une bonne comptabilité de leurs deniers; et, nous le savons tous, messieurs, une bonne comptabilité est la première source de l'économie. Je crois donc remplir un devoir rigoureux en retirant mon amendement, et en appuyant la conservation de tous les agens du ministère des finances. Nous espérons cependant qu'on essaiera de simplifier un peu les rouages de cette grande machine, et qu'alors il nous sera permis de décimer une armée aussi effrayante, sans nuire au service public.

En attendant, ne serait-il pas urgent de diminuer, si non le chiffre des employés, du moins celui de leurs traitemens? Est-il bien nécessaire qu'un expéditionnaire reçoive de huit à neuf cents francs par année; qu'un simple commis touche cent à cent vingt-cinq francs chaque mois? J'adresse cette question au ministre des finances, et je ne crois pas qu'il puisse répondre d'une manière satisfaisante.

Tout le monde conçoit que des appointemens de six ou dix mille francs ne soient pas exagérés pour des chefs de bureau ou de division : ces fonctionnaires utiles ont besoin de garder un rang, de soutenir une représentation qui exigent de fortes dépenses; et, loin de vouloir diminuer les fonds qu'on leur alloue, je désire qu'un avenir plus prospère nous donne la faculté de les augmenter. Mais pour un petit commis qui se loge dans un galetas, qui, n'ayant personne à inviter à sa table, peut nourrir lui, sa femme et ses enfans, avec la plus stricte économie; pour un petit commis qui n'a que faire dans un salon distingué, et qui, par conséquent, peut se vêtir de la manière la plus simple; n'est-ce pas une prodigalité que de lui continuer un traitement supérieur à ses besoins?

Je vote pour le budget.

(Les motifs du discours précédent sont faciles à saisir. Le député devant profiter de toutes les occasions de demander des économies qui ne peuvent tomber ni sur lui, ni sur sa famille, s'est élevé, avec raison, contre le salaire des employés inférieurs. S'il a commencé par consentir à ce que leur nombre ne fût pas réduit, c'est qu'il a réfléchi qu'il faut des commis pour avoir des chefs de division, comme il faut des soldats pour avoir des colonels. D'ailleurs, la masse de ces scribes est une caisse de réserve où l'on puise à discrétion, lorsqu'on veut combler un petit déficit ou accorder une augmentation à de plus hauts fonctionnaires : il suffit alors d'en réformer la quantité nécessaire pour rétablir le balance entre l'allocation et la dépense.)

CHAPITRE IV.

Modèles

POUR

LES DÉPUTÉS DE SCRUTIN.

>—<

Il ne suffit pas de savoir murmurer, crier à l'ordre ou applaudir, pour faire un bon député de scrutin, il faut encore connaître l'art de faire tout cela à propos. Si vous applaudissez votre ami avant qu'il ait fini sa phrase, vous empêchez qu'on n'entende le reste. Si vous ne murmurez que lorsque votre adversaire a fini la sienne, votre interruption est inutile. C'est pourquoi nous avons donné, dans ce chapitre, des exemples de la manière dont on doit approuver ou blâmer les opinions qui agréent ou déplaisent.

Un orateur de l'opposition a la parole.

Messieurs,

(Bruit)

Lorsque je siége dans cette assemblée....

(Les membres les plus éloignés de la tribune font entendre quelques murmures, ceux qui en sont le plus proche crient : *Plus haut! plus haut!*)

L'ORATEUR.

Lorsque je siége dans cette assemblée....

LE PRÉSIDENT.

Messieurs, chaque député a le droit d'être écouté.

L'ORATEUR.

Lorsque je siége dans cette assemblée....

UNE VOIX.

M. le président, faites-donc rétablir le silence !

(Le président domine le bruit avec sa sonnette.)

L'ORATEUR.

Lorsque je siége dans cette assemblée, il me semble assister à une représentation théâtrale, où chaque acteur paraît par moment sur la scène pour jouer son rôle avec autant de naturel qu'il lui est possible, rentre à différens intervalles dans les coulisses, et enfin quitte la salle à la chute de la toile, et oublie aussitôt et son costume et son personnage de comédie.....

(Pendant ce couplet et le suivant, il doit régner un murmure sourd et continu produit par les conversations particulières et le battement des portes que l'on ouvre et ferme sans cesse. Les députés qui ont des catarrhes se garderont bien de contrarier l'action de la nature.)

L'ORATEUR.

Une autre ressemblance que je trouve encore, et qui complète l'illusion, c'est que, à la Chambre comme au théâtre, les acteurs sont tantôt approuvés, tantôt désapprouvés, souvent interrompus ; avec la différence seulement qu'ici ce n'est pas le public qui juge, mais les acteurs qui sifflent ou applaudissent eux-mêmes leur camarade, selon que, à leur tour, ils en ont été sifflés ou applaudis.

(Marques bruyantes d'improbation.)

PLUSIEURS VOIX.

A l'ordre ! à l'ordre !

D'AUTRES.

Silence! silence!

(De manière que le président agite la sonnette, et augmente le brouhaha.)

L'ORATEUR, au milieu du bruit

Messieurs, vous voulez me faire rappeler à l'ordre, lorsque je raconte ce qui se passe à présent même dans cette enceinte!

PLUSIEURS VOIX.

A l'ordre! à l'ordre!

LE PRÉSIDENT.

On me dit de rappeler l'orateur à

l'ordre; j'ignore s'il l'a mérité, car je ne l'ai pas entendu.

UN MEMBRE, qui entre dans la salle.

Nous l'avons bien entendu, nous!

LE PRÉSIDENT, a l'orateur

Parlez, monsieur; chaque député a le droit d'être écouté.

L'ORATEUR.

Je sais que toutes ces vérités ne sont pas agréables à entendre; mais je remplis un mandat de conscience, et non une œuvre de politesse. Pénétré, comme je le suis, du triste spectacle que nous donnons à la France qui nous regarde, je croirais trahir tous mes devoirs si je ne protestais pas hautement contre une telle conduite....

(Murmures.)

LE PRÉSIDENT.

Continuez, monsieur; chaque député a le droit d'être écouté.

L'ORATEUR.

Les députés sont investis des deux pouvoirs bien distincts, d'abord de soutenir leurs propres opinions, ensuite de juger celles des autres; c'est-à-dire que nous remplissons tour à tour les fonctions d'avocat et de juge. Comme avocat en ce moment, j'ai le droit de faire connaître ce que je crois juste et utile, et chacun de vous peut me réfuter en montant à cette tribune; mais, tant que vous siégerez pour m'entendre, vous êtes plus que mes collègues, vous êtes mes juges, et ce sont des juges iniques que ceux qui n'écoutent pas la défense, ou qui injurient, par leurs murmures, celui qui s'adresse à leur équité, lorsqu'ils peuvent le condamner par leur jugement....

(Employez toutes les ressources du tapage vers la fin de la phrase qui précède.)

LE PRÉSIDENT.

Parlez, monsieur; le règlement et

la Charte donnent à tous les députés le droit d'être écoutés.

L'ORATEUR, au milieu du bruit

La vérité est semblable à l'astre du jour ; elle plane sur cette assemblée et sur la France entière ; nos murmures peuvent bien, comme autant de nuages, empêcher les rayons de pénétrer jusqu'à nous ; mais les ténèbres alors ne s'étendent pas au-delà de ce palais, et la vérité n'en éclaire pas moins les immenses contrées qui l'environnent. Nos cris et nos interruptions... (A l'ordre! a l'ordre!) peuvent-ils, comme dans cette enceinte, pénétrer dans l'esprit de tous les Français, et y étouffer la voix de l'évidence? Ne l'espérez pas.... (A l'ordre! à l'ordre!); ne l'espérez pas, car s'ils influent sur les jugemens du public, ce n'est pas d'une manière favorable pour nous....

(Explosion de murmures)

Vous n'ignorez pas, messieurs, les bruits singuliers qui courent en tous lieux, et qui nuisent à notre considération (Écoutez! écoutez!). Je suis bien loin de partager la croyance de certains hommes; mais ma conviction particulière ne les empêche pas de dire que l'intérêt qui nous est le plus cher n'est pas celui de la nation, que, nommés en vertu de la Charte, il est plusieurs d'entre nous qui veulent la mutiler au profit de la tyrannie; enfin on répète hautement que nous avons oublié les promesses que nous avions faites à nos commettans....

(Tonnerre de murmures.)

UNE MASSE IMPOSANTE.

A l'ordre! à l'ordre! à l'ordre!

LE PRÉSIDENT.

Monsieur, je vous prie de répéter votre phrase; je ne l'ai pas bien entendue.

L'ORATEUR, au milieu du vacarme

Je ne crois pas avoir offensé la Chambre en lui rapportant des propos dont chacun de vous a connaissance, surtout lorsque j'ai commencé par témoigner le peu de foi que j'ajoute à leur vérité. Il est utile, au contraire, que vous sachiez ce qu'on publie sur notre compte, et je ne crains pas de répéter.... (profond silence) qu'on dit hautement dans le monde que nous avons oublié les promesses que nous avons faites à nos commettans.

LA MÊME MASSE.

A l'ordre! à l'ordre! à l'ordre!

LE PRÉSIDENT.

Aucun député n'a violé ses sermens....

UNE VOIX, à gauche.

Vous en jugez par vous....

LE PRÉSIDENT.

Tous les Français, sans exception, sont persuadés de l'incorruptibilité et de la loyauté de leurs représentans.... Monsieur, je vous rappelle à l'ordre.

L'ORATEUR.

Mais, M. le président, vous avez dû entendre vous-même....

LE PRÉSIDENT.

Monsieur, je n'entends jamais rien....

(Si vous savez dans cette circonstance profiter du désordre qui règne dans l'assemblée, du trouble inévitable de l'orateur, vous forcerez ce dernier à descendre de la tribune sans qu'il ne puisse rien ajouter à ces déclamations.

Pour les modèles d'applaudissement, il faut consulter les discours des députés de tribune, où j'ai noté les bons effets qu'ils doivent produire sur l'assemblée.)

ANECDOTES.

―――

M. de Moustiers, candidat du ministère au collége de Beaune, crut que, pour réussir, il fallait étaler toutes les décorations et toute la morgue d'un ambassadeur.

M. Clément, au contraire, fut affable avec tout le monde, fit de belles promesses, et n'afficha aucun luxe insolent.

Nous ne dirons point qui l'emporta.

※

M. de Quinsonnas, président du collége de Combes, avait envoyé cette circulaire à tous les électeurs de son arrondissement :

« Monsieur,

« C'est le 17 de ce mois que le col« lége électoral doit se réunir sous ma
« présidence. Je vous invite à vous y
« rendre : votre amour du bien public
« m'en donne l'assurance.

« De Quinsonnas. »

Ce digne candidat ministériel avait un tel désir de consacrer ses talens à la tribune législative, qu'il se proclama député au premier tour de scrutin, quoique la majorité absolue n'appartînt à personne. Il fut long-temps impossible de le tirer d'une si douce erreur, et on ne le décida à ouvrir un nouveau scrutin, qu'en lui fesant sentir que, sa nomination étant assurée au second tour, il ne devait pas la compromettre par la nullité du premier.

Ce fut pourtant un autre nom que le sien qu'il eut la douleur de proclamer.

Quelques jours après, M. de Quinsonnas reçut d'un électeur la lettre suivante :

« Monsieur,

« Il est possible que vous soyez « de nouveau nommé président de « collége. Je vous invite à ne vous « proclamer député que dans le cas « où vous le seriez réellement : *Votre* « *amour du bien public m'en donne* « *l'assurance.* »

>-<

N'imitez pas la parcimonie intempestive de M. Michel Saint-Albin, gendre de M. d'Haussez, préfet de la Gironde.

Cet honorable candidat du collége

de Sarreguemines avait commandé au sieur Jean-Paul Klopp, aubergiste *à la Couronne*, un dîner de cent couverts, et avait retenu tous les lits de son hôtel pour forcer les électeurs à coucher à la belle étoile ou à lui promettre leurs suffrages. Les chambres à coucher furent, en effet, toutes occupées, et le nom de M. Michel sortit le lendemain de l'urne. Mais le départ précipité de la plupart des électeurs réduisit le nombre des convives à dix-huit, et l'Amphitryon prétendit que, malgré leur bonne volonté, cette petite fraction n'avait pu consommer la part de cent personnes.

M. Klopp répondit que ce n'était pas là la question, et, sans accorder toutefois la proposition de M. Saint-

Albin, il lui soutint que puisqu'il avait commandé un dîner de dix-huit cents francs, c'était dix-huit cents francs qu'il devait payer.

Cette argumentation ne put convaincre le nouveau député, et force fut au pauvre aubergiste de s'adresser aux tribunaux. On se promettait beaucoup de plaisir d'un pareil procès; mais il fut malheureusement arrêté, je crois, par ordre supérieur.

⸻

Les tambours de la garde nationale de Bourges avaient l'habitude de célébrer, à chaque renouvellement de la Chambre, la nomination de M. Devaux, avocat distingué de la ville. En

1827, M. le préfet voulut faire cesser une habitude aussi révolutionnaire, et il leur défendit formellement de battre la caisse sous les fenêtres du nouvel élu. C'était leur interdire en même temps de recevoir la gratification dont on avait coutume de récompenser leur patriotisme. Pour mettre d'accord les ordres du fonctionnaire et la voix de son propre intérêt, le tambour-major, homme de ressource, imagina cet expédient :

Il se transporte avec sa compagnie devant la demeure de M. Devaux, et, après avoir frappé à la porte pour l'avertir de sa présence, il se met à indiquer avec sa canne les différens roulemens qui sont d'usage en pareille occasion. Les tambours, prévenus par lui, s'empressent d'exécuter les commandemens avec leurs baguettes; mais ils ont soin de ne pas même effleurer la superficie retentissante de l'instrument.

Après une demi-heure de cet exercice muet, le chef de la compagnie se présente à l'épouse du député pour recevoir ses remercîmens ordinaires. Aussitôt cette dame sort de sa bourse les pièces d'argent qu'elle lui destinait, et, après les lui avoir montrées un instant, elle les remet à leur première place, en disant que, pour un semblant d'aubade, elle lui donnait un semblant de gratification.

On conçoit la déconvenue du tambour-major de Bourges; il est vrai qu'il rit lui-même de la plaisanterie lorsqu'on l'eut rappelé pour la faire cesser.

◦

Un paysan de la Nièvre assistait, comme électeur, au collége de Mamers. Lorsque son tour de voter fut arrivé, il dit au président : « Monsieur, « je ne savons pas écrire ; mais si vous « vouliez connaître qui que je veux, « c'est Dupin (*du pain*); il est cher en « ce moment, mais il nous en faut. »

◦

Une semaine après l'apparition des fameuses ordonnances de juin, l'évêque de Luçon avait réuni à sa table les principaux membres de son clergé, et l'on devine que du *Benedicite* aux *Grâces*, il ne fut question que de l'œuvre damnable de M. Feutrier. Lorsque les vins du dessert eurent mis les convives en pointe d'esprit, un curé de la société s'écria avec une humeur plaisante : « Hé! messieurs, que « vouliez-vous attendre de mieux d'un « homme qui signe *J. F. ?* »

Lorsque le projet de loi Peyronnet sur la presse fut retiré, le roi voulut passer une revue générale de la garde nationale. Elle cria à tête fendre : Vive le roi! et pas du tout, Vivent les ministres! Ces derniers prétendirent que ce silence attaquait la majesté royale, et fesait pressentir une révolution imminente; le lendemain la garde nationale fut licenciée.

Il n'en eût pas été de même, si les bourgeois armés de Paris eussent prononcé avec acclamation le nom de M. de Villèle, sans exprimer aucun sentiment d'amour pour le prince qui les visitait avec tant de confiance et de bonté.

Un haut personnage disait un jour à M. de Villèle : Vous devriez donner l'entrée du conseil à M. de Bourmont, comme ministre des affaires étrangères. Ce diplomate a beaucoup de ta-

lent et surtout de finesse. Quant à M. Damas, vous savez bien que c'est un pauvre d'esprit. « En effet, répon-
« dit M. de Villèle, M. de Bourmont
« est bien fin, puisqu'il a su jouer Bo-
« naparte lui-même. »

M. de Damas eut le portefeuille.

⊷

Messieurs de l'extrême gauche, disait dernièrement un député du centre à M. Dupont-de-l'Eure, on prétend que l'on vous marchande? — C'est vrai; mais nous sommes trop cher! — Que demandez-vous donc? — La restitution de toutes les libertés qu'on nous a ravies.

Si l'opposition eût été plus modérée,

elle n'aurait exigé que des millions et des places, et elle aurait été achetée.

M. de Richelieu, ministre de Louis XVIII, ayant envoyé sa démission à la cour, était malade d'effroi, selon la coutume, en pensant que sa demande pourrait lui être accordée. Tandis qu'il était livré à cette cruelle anxiété, M. de Sémonville entre chez lui avec cet air affectueux et riant qui le caractérise. Je suis donc conservé, M. le marquis, s'écrie l'excellence. — Oui, monseigneur; le roi ne veut pas vous perdre; il l'a déclaré hier soir. — J'en étais certain, M. le référendaire; votre vue est toujours d'un bon présage.

Les électeurs de Paris, corrompus par la lecture des journaux et des pamphlets de tous genres, sont plus difficiles à mystifier que leurs confrères de province. On en jugera par le trait suivant.

Un honnête éligible de la capitale crut se servir d'un argument irrésistible en fesant savoir à tous les membres du collége que, depuis deux cents ans, sa famille demeurait au Tourniquet-Saint-Jean, et en leur promettant solennellement de ne jamais abandonner le quartier de ses ancêtres. Quelque suffisante que fût à ses yeux une aussi belle profession de foi, son ami N***, avoué, parvint à lui faire employer, par excès de prudence, un autre moyen de séduction, et à cet effet des invitations de soirée furent envoyées à plus de cinq cents électeurs. Au jour fixé, le candidat fait une toilette superbe, prépare des paroles gracieuses, et ordonne pour minuit un ambigu élégant et copieux. Son ami, qui devait jouer le rôle de maître des cérémonies, se promenait en homme d'importance dans un salon richement décoré, et qu'il avait fait éclairer d'une manière brillante; mais la pendule, qui ornait la cheminée, et qu'il consultait souvent, marquait en vain l'heure indiquée pour la réunion; ses gestes et sa physionomie indi-

quaient l'étonnement profond où le jetait une pareille négligence, et, après une longue attente, il commençait même à craindre une méprise, lorsqu'on lui annonce l'arrivée d'une nombreuse compagnie. La joie que lui inspira une telle nouvelle fut promptement modérée, lorsqu'il s'aperçut que cette nombreuse compagnie se réduisait à vingt-cinq personnes. C'était un rude désappointement; néanmoins il faut dire à son éloge qu'il prit son parti avec courage, et que la sérénité ne tarda pas à reparaître sur sa figure. Alors, prenant la parole avec le ton doucereux qui lui va si bien :
« Messieurs, dit-il, *l'affaire* des élec-
« tions donne à chaque parti une acti-
« vité extraordinaire. Toutes les opi-

« nions luttent entre elles, et cherchent
« à triompher de leurs *adversaires*.
« C'est vous, messieurs, qui êtes nos
« *juges*, et il ne serait pas difficile, en
« vous exposant toutes les raisons qui
« *militent* en faveur de mon *client*,
« d'obtenir de vous un *arrêt* favorable;
« mais je ne veux pas influencer vos vo-
« lontés, car je ne vous ai réunis ici
« que dans l'intérêt général....

LE CANDIDAT.

Et dans celui du quartier.

M. N***.

« Vous allez passer dans la salle voi-
« sine, où vous trouverez tout ce qui

« est nécessaire pour délibérer com-
« modément, et nous osons espérer
« que vos suffrages ne se porteront que
« sur un homme paisible qui ne veut
« que le bien de la France....

LE CANDIDAT.

Depuis la place de Grève jusqu'à la rue Saint-Antoine.

M. N***.

« Et qui déteste tout changement....

LE CANDIDAT.

On me tuerait plutôt!... D'ailleurs, la maison m'appartient.

M. N***.

« Vous le préférerez à ces esprits
« novateurs....

LE CANDIDAT.

Qui sont à Paris depuis hier.

M. N***.

« Ambitieux, turbulens....

LE CANDIDAT.

Qui changent de quartier comme
de chemise.

M. N***.

« Et qui ignorent les véritables in-
« térêts de la France. »

Après cette belle harangue, les vingt-cinq électeurs furent introduits dans la *chambre du conseil*, et l'avoué N*** les abandonna à leurs réflexions pour aller recevoir les félicitations de son ami sur sa rare éloquence. Les complimens, quoique longs, le furent encore moins que la délibération du *jury*, comme le disait le praticien, car deux heures s'étaient écoulées, et la porte restait constamment fermée. Enfin le candidat, craignant que le feu de la salle voisine ne se fût éteint, appelle sa bonne pour y porter de quoi le ranimer.

— A quoi bon, lui répond celle-ci?

— Belle demande! veux-tu que ces messieurs meurent de froid?

— Quels messieurs?

— Ceux qui sont venus il y a trois heures, les électeurs du Tourniquet-Saint-Jean.

— Ah! pour ceux-là, ne vous donnez pas cette peine; ils sont partis depuis long-temps.

— Comment donc?

— A peine les avions-vous laissés dans le salon d'à-côté, qu'y sont sortis par la porte de l'escalier, et il paraît que vous leur avions fait queuque farces, car ils riaient comme des dératés.

L'habitude et la routine font admirer souvent certains mouvemens oratoires qui, selon moi, n'ont que le mérite de se trouver indiqués dans Quintilien, Burkes, ou autres rhéteurs. Lorsque le cœur parle, il est rare qu'il consulte leurs règles pour s'exprimer, et c'est alors qu'il trouve de ces idées vives, de ces expressions originales qui ne manquent jamais leur effet.

M. de Ste-Colombe...... J'allais continuer mon chemin sans autre préambule, mais je m'aperçois à temps qu'il faut apprendre à mes lecteurs quel est le personnage qui porte un nom aussi innocent : c'est le sous-préfet d'Issengeaux, que quelques bonnes cartes nous révèlent être une petite ville de France dans la Haute-Loire.

Dans le pays, ce magistrat passe pour un poète distingué et un homme d'esprit; les gens sensés voient quelque chose de mieux en lui, c'est-à-dire, de bonnes doctrines et du zèle pour les faire triompher.

Les dernières élections lui donnèrent l'occasion de faire ses preuves, et l'événement parlera assez en sa faveur lorsque j'aurai dit que, dans tout le collége électoral, cinq voix seulement se portèrent sur le concurrent de M. Chevallier Lemore, candidat du ministère. Le résultat du scrutin fut à peine connu, que les tambours résonnèrent, et que M. de Ste-Colombe, à la tête des autorités municipales, se rendit auprès du candidat pour le complimenter.

« Monsieur, lui dit-il, monsieur..., « je suis trop ému pour continuer; « d'ailleurs, je ne pourrais trouver des « paroles assez expressives pour pein- « dre votre triomphe sur un rival dont « les partisans se comptent avec la main « gauche. » (Comme je l'ai déjà dit, il n'avait eu que cinq voix.)

M. le sous-préfet d'Issengeaux a reçu la croix d'honneur.

J'ai rencontré souvent dans les salons des ministres un certain M. A*** envoyé par un département du midi, et dont le nom est aussi obscur que les trois étoiles que je mets à la place. Quelques uns de ses commettans, qui ont l'honneur de le connaître, prétendent que, tout dévoué au ministère, il ne manque pas une seule occasion de prendre la parole pour crier *la clôture!* ou *aux voix!* ou *à l'ordre!* ou pour faire entendre ce bruit sourd et guttural que les journalistes appellent par politesse *murmure*. J'espère que le trait suivant détruira pour jamais une telle calomnie.

C'était chez M. de Portalis; chacun louait à l'envi le rare désintéressement de ce ministre-magistrat, qui n'avait réclamé aucune part dans l'*indemnité*, quoique lui et toute sa famille eussent émigré de la France pendant l'absence des Bourbons; ce qui est incontestable depuis qu'il nous a prouvé que ces princes l'ont transportée tout entière, d'abord en diverses villes d'Europe, et enfin dans un petit château d'Angleterre.

Lorsque cet abondant sujet d'éloges eut été épuisé, on se rejeta sur les lieux communs de la conversation, tels que l'abus des pétitions et la licence de la presse. A ces derniers mots, M. A***, qui avait gardé jusque-là un modeste silence, monte sur son *dada* favori, comme dirait Sterne, et après quelques invectives méritées contre les journalistes, il tire de sa poche un numéro du *Courrier français*, feuille révolutionnaire ainsi qu'on va le voir.

— La sûreté du trône est en danger; la religion est attaquée; l'année 1793 va arriver en 1830....

— C'est ce que je crains depuis longtemps, ajoute un inconnu du centre.

— Nous sommes à la veille d'un bouleversement général....

— C'est ce que je dis depuis quinze ans, et l'on ne veut pas me croire!

— M. Cauchois Lemaire a dit au duc d'Orléans de ramasser un joyau qui était à ses pieds, et, comme l'a fort bien prouvé notre collègue Dupin aîné, c'est une inconvenance sans exemple.

— En ne le condamnant qu'à quatorze mois de prison, les tribunaux ont montré une indulgence blâmable.

— Béranger a osé chanter qu'on donnait l'extrême-onction avec du vieux linge....

— C'est un impie qui ignore que c'est avec du coton rame.

— Tout cela n'est encore rien, reprend M. A***, le journal que je tiens n'a-t-il pas eu l'audace d'écrire que les députés ne s'occupaient pas des affaires de la France, et donnaient fort peu de temps aux études sérieuses qui leur sont nécessaires ! lorsque je passe les nuits dans mon cabinet pour m'y livrer en silence!....

— Comment, les nuits!

— Oui, monsieur, les nuits; et la preuve, c'est que je suis si fatigué le jour, que je ne puis m'empêcher de dormir pendant toutes nos séances.

＞●＜

Il est des hommes qui, après avoir adopté un personnage dans la grande comédie politique, se pénètrent si bien de leur rôle, qu'ils en conservent, hors de la scène, les manières et le langage; ce qui leur donne aux yeux des initiés le ridicule d'une actrice qui serait encore Mérope ou Lucrèce dans les coulisses.

M. D***, dont les bonnes opinions sont si connues, était sollicité un jour par un ministre pour un petit service secret qui ne devait alarmer en rien la conscience publique du député. L'honorable, qui venait de dire de fort belles choses sur l'économie et les sinécures, se rappela mal à propos quelques fragmens de sa harangue, où se trouvaient les mots de probité, réduction, intérêt général, etc.

— Mais vous n'y êtes pas, M. D***; je vous demande de faire quelque chose aussi mystérieusement que possible, et non de vous compromettre en l'appuyant à la Chambre par vos discours.

— Ce que vous exigez est contre la

conscience d'un fidèle mandataire du peuple.

— Fort bien ; c'est ce que vous direz à la tribune : je connais assez votre talent pour vous tenir quitte d'une répétition ; mais je vous observe encore une fois que ce n'est pas de cela qu'il s'agit.

— Je comprends fort bien, au contraire, qu'il s'agit de ma conscience....

— Vous me ferez perdre patience aujourd'hui ; ce que je vous demande...

— Est un jeu où je risquerais ma réputation d'honnête homme et mon honneur....

— Hé ! dans cette supposition même, *le jeu ne vaudrait pas la chandelle !*

Quelle horreur, s'écriait dernièrement M. S*** M***, en lisant un journal du soir !

— Encore des révolutions, sans doute, lui dit M. S*** Y qui entrait.

— Pis que cela; on ne craint pas d'insulter la religion elle-même. Ne viens-je pas de lire dans *la Gazette* que *le Courrier* prédisait que dans deux ou trois mille ans le catholicisme cesserait d'être la religion de l'état.

— Pas possible !

— Lisez vous-même.

— C'est à n'en pas croire ses propres yeux ! Il faut dénoncer cet article impie à la Chambre; car si on laisse imprimer de pareilles choses, je ne donne pas vingt ans d'existence au christianisme.

Cette exclamation peu orthodoxe ne prouve rien contre les bons sentimens de M. S***Y; car l'impiété qui se trouvait dans ses paroles était bien loin de sa pensée.

FIN.

www.ingramcontent.com/pod-product-compliance
Lightning Source LLC
Chambersburg PA
CBHW070743170426
43200CB00007B/632